Lars M. Vollmering

111 Orte in Wolfsburg, die man gesehen haben muss

Mit Fotografien von Tom Tautz

111

emons:

Für Silke.

Bibliografische Information der Deutschen Nationalbibliothek
Die Deutsche Nationalbibliothek verzeichnet diese Publikation in der Deutschen Nationalbibliografie; detaillierte bibliografische Daten sind im Internet über http://dnb.d-nb.de abrufbar.

MIX
Papier aus verantwortungsvollen Quellen
FSC® C083411

Gestaltung: Eva Kraskes, nach einem
Konzept von Lübbeke | Naumann | Thoben
Kartografie: altancicek.design, www.altancicek.de
Kartenbasisinformationen aus Openstreetmap,
© OpenStreetMap-Mitwirkende, ODbL
Druck und Bindung: CPI – Clausen & Bosse, Leck
Printed in Germany 2021
ISBN 978-3-7408-1094-8
Originalausgabe

Vorwort

Häufig ist das (Vor-)Urteil schon gebildet, wenn nur der Name fällt: Wolfsburg. Die Assoziationen liegen quasi auf der Hand. Volkswagen. Autostadt. Provinz. Im besten Fall hält der ICE.

Doch wer sich mit der Stadt im Südosten Niedersachsens und ihrer Umgebung tatsächlich beschäftigt, wird sehr schnell feststellen: Wolfsburg hat wesentlich mehr zu bieten – nur eben nicht immer auf den ersten Blick. Und genau darum geht es in diesem Buch. Als gebürtiger Wolfsburger hat der Autor eine besondere Perspektive: Vielfach sind es die kleinen Orte, die man in einer jungen Industriestadt wie Wolfsburg nicht erwartet und die kaum in einem normalen Reiseführer auftauchen. Orte voller Natur etwa, mit Geschichte und Geschichten. Aber auch die bekannteren Plätze Wolfsburgs ermöglichen durch eine andere Sichtweise oder den Fokus auf ein besonderes Detail einen neuen Blickwinkel.

Kurzum, die 111 Orte in diesem Buch bieten für jeden etwas, der sich mit Wolfsburg beschäftigen und dort unterwegs sein möchte – von A wie »alteingesessen«, wenn man seine Stadt noch mal neu oder vielleicht einmal anders entdecken möchte, bis Z wie »zugereist« mit der Möglichkeit, Wolfsburg ganz neu zu erleben.

111 Orte

1 Das Almker Baumhaus

Über den Wipfeln von Wolfsburg

Das berühmteste Baumhaus der Welt dürfte von den Simpsons in der gleichnamigen Fernsehserie gebaut worden sein, oder es ist das von Tarzan. Doch Wolfsburgs schönstes Baumhaus braucht den Vergleich nicht zu scheuen. Es steht auf dem Jugendzeltplatz von Almke und ist im Rahmen eines Jugendgruppenleiterkurses entstanden. Almke ist landwirtschaftlich geprägt und gehört zum Wolfsburger Hasenwinkel. Eigentlich beginnt hier schon das Elm-Vorland. Ursprünglich hieß Almke mal Allenbeke. Die Beke ist der hiesige Ortsbach, der östlich des Dorfes fließt.

Aber zurück zum Baumhaus. Jetzt könnte man denken, die Erbauer hätten da ein paar Holzbalken zusammengehauen und fertig. Doch weit gefehlt. Das, was da im Jahr 2007 geplant, gebaut und anschließend auf vier und fünf Meter Höhe in die Baumwipfel von Almke verpflanzt wurde, ist ein echtes Schmuckstück. Im Grunde sind es sogar zwei Baumhäuser, die hier auf Besucher warten. Während sich in Haus eins der Schlafbereich befindet und acht Personen in die Kojen schlüpfen können, bietet Haus zwei den »Wohnbereich« samt einer kleinen Küche. Sich also hier die Dose Ravioli aufzumachen und stilecht als Camper zu brutzeln, ist genauso möglich wie das Zaubern eines Drei-Gänge-Menüs – wenn man den Aufwand denn nicht scheut.

Sogar eine Terrasse in luftiger Höhe gibt es. »Baumhaus deluxe« könnte man also sagen. Da muss Tarzan noch ein bisschen weiter schrauben, um konkurrenzfähig zu bleiben. Lediglich Isomatte und Schlafsack sollten die Gäste zum Übernachten dabeihaben.

Das Almker Baumhaus kann auch von Privatpersonen gebucht werden, allerdings dürfen aus statischen und belastungstechnischen Gründen immer nur zehn Leute gleichzeitig die Holzkonstruktion bevölkern. Wobei das Gewicht bei zehn Personen ja variieren kann. Aber es reicht zumindest für eine kleine Party mitten zwischen den schönen Baumkronen.

Adresse Volkmarsdorfer Straße 100, 38446 Wolfsburg-Almke, Tel. 05365/94150 | ÖPNV Buslinie 216, 218, Haltestelle Almke, Volkmarsdorfer Straße | Tipp Wer sich für das Thema generell interessiert: Wolfsburg hat im Stadtzentrum auch eine Jugendherberge, die Unterkünfte für Einzelgäste, Familien und Schulklassen bietet. Das Haus in der Kleiststraße ist ganzjährig außer an Weihnachten geöffnet.

2 Das Arboretum Rabenberg

Wo die Bäume mit dir sprechen …

Arboretum, das heißt aus dem Lateinischen übersetzt so viel wie »gepflanzter Baum«. Und davon gibt es an diesem besonderen Ort am Rabenberg jede Menge. Besucher haben hier Gelegenheit, die Geheimnisse des Waldes und seiner Bäume zu entdecken. Fast könnte man meinen, die Bäume sprechen und erzählen ihre eigenen Geschichten über das Erlebte in dieser naturschönen Landschaft.

Oberhalb eines beschaulichen Bachtales lädt das Aboretum nicht nur zum Verweilen ein, sondern vor allem zum Lernen und Entdecken – ein wunderbarer Nebeneffekt, wenn man sich zu einem Ausflug hierher in die »Schule des Waldes« aufmacht. Schautafeln und andere Bausteine vermitteln Interessantes und vor allem auch Wichtiges aus dem Leben der Bäume im Allgemeinen und dem Lebensraum Wald im Besonderen. Dieser ist ja nicht nur in Wolfsburg von besonderer Bedeutung, aber hier kann der Besucher das Thema sozusagen in natura erleben. Das Arboretum liegt im Naturschutzgebiet Natura 2000 und ist auch als Vogelschutzgebiet der Europäischen Union deklariert.

Vor allem ist es aber eins: schön grün! Und das fast in der Innenstadt, denn die ist nur knapp zwei Kilometer entfernt. Es ist für Wolfsburg-Besucher immer wieder eine schöne Überraschung, wie schnell man hier – in der sogenannten Autostadt – in die Natur ab- und eintauchen kann. Im Arboretum ist eine Sammlung zumeist heimischer Bäume und Sträucher angelegt, und wer mag, kann auch die ein oder andere Wandertour ins Unterholz von Wolfsburg starten. Die Baumschule ist nicht der einzige grüne Ort in der direkten Umgebung, der sich zu erkunden lohnt.

Der Stadtforst Wolfsburg kümmert sich um das Arboretum, das allerdings nur ein kleiner Teil der Wolfsburger Waldgebiete ist. Dafür aber ein extrem schöner und sehenswerter. Insgesamt beläuft sich die Fläche des Waldes in der Stadt auf beeindruckende 950 Hektar.

Adresse 38444 Wolfsburg-Rabenberg, Geodaten 52°24'06.4"N 10°46'30.4"E | ÖPNV Buslinien 202 und 218, Haltestelle Rabenberg Am Stemmelteich | Tipp Das Arboretum bietet auch eine Schutzhütte als Unterschlupf bei Schauern.

3 Die Auerochsenwiese

Wolfsburgs Stück vom Paradies

Und wir bleiben beim Thema unberührte Natur, Tiere in ihrer ursprünglichen Umgebung, und das alles direkt vor den Stadttoren – das ist Ilkerbruch im Nordwesten von Wolfsburg. Ursprünglich 1938 als Wohnsiedlung erbaut und 1972 in die Stadt eingemeindet, ist die Siedlung Ilkerbruch im wahrsten Sinn ein Dörfchen mit nur wenigen Wohnhäusern und jeder Menge Natur drumrum. Volkswagen hat als Ausgleich für die Werkserweiterung das riesige Gelände im Umkreis gepachtet, und so gedeiht hier ein Naturschutzgebiet, das nicht nur für Naturfreunde ein echter Anziehungspunkt ist.

Nördlich des Gebiets muss man allerdings erst mal die Kreisstraße 114, von den Wolfsburgern liebevoll »Tangente« genannt, überwinden. Und die ist vor allem im Berufsverkehr von zahlreichen Pendlern aus dem Kreis Gifhorn nach Wolfsburg stark befahren.

Doch der Aufwand lohnt sich: Vor allem die Tierwelt des Ilkerbruchs ist einen Besuch wert, und das zu fast jeder Jahreszeit. Besonders die auf der Wiese freilaufenden Auerochsen, genauer Heckrinder, sowie die Konik-Ponys seien hier erwähnt. »Konik« stammt übrigens aus dem Polnischen und bedeutet so viel wie »kleines Pferd« oder auch »Pferdchen«. Im Gegensatz zu den Heckrindern sind die Konik-Ponys vom Ilkerbruch allerdings nicht zum Verzehr geeignet. Das Fleisch der Naturrinder kann direkt vor Ort erworben werden.

Zudem gibt es im Ilkerbruch jede Menge Besucherplattformen und einen Aussichtsturm zur Beobachtung von Wasservögeln, vom Reiher bis zum Seeadler. Doch auch Waschbären, Rotwild und Füchse sagen sich hier Gute Nacht. Infotafeln und Lernstationen geben den Besuchern weitere wissenswerte Einblicke in das Naturschutzgebiet Ilkerbruch, das Fans schon als »Wolfsburgs Stück vom Paradies« bezeichnet haben. Der Bereich kann auf einem 4,5 Kilometer langen Erlebnispfad auch bequem durchwandert werden.

Adresse Ilkerbruch, Karl-Heise-Straße 37, 38442 Wolfsburg-Fallersleben, Geodaten 52°25'35.2"N 10°39'58.3"E | ÖPNV Buslinie 159, 203, 204, Haltestelle Schleusensiedlung, etwa einen Kilometer zu Fuß zum Ilkerbruch | Anfahrt A39, Ausfahrt Richtung WOB/Sandkamp/Gifhorn, K114, links abbiegen auf Forstweg | Tipp Wer in dem Gebiet unterwegs ist, sollte auf alle Fälle ein Fernglas dabeihaben, um die Tiere noch besser beobachten zu können.

4 Die Bäckerei-Störche

Brüten vor der Webcam

Eine ganz besondere und überhaupt nicht schmuddelige Webcam-Show im Internet wird den Zuschauern täglich mit einer Aktualisierung alle 60 Sekunden aus Wolfsburg auf den Bildschirm gebracht. Im Ortsteil Warmenau werden Störche gefilmt, die sich hier häuslich niedergelassen haben. Seit 1991 haben hier 77 Jungstörche ihren ersten Piepser getan und mit den Schnäbeln geklappert, während Mama und Papa Storch den Nachwuchs mit frischen Froschschenkeln versorgt haben. Aber auch Fische, Insekten und sogar kleine Nagetiere reißen sich die Fleischfresser gern mal unter den Nagel.

Noch viel spannender als im Internet ist es aber, wenn man diesen besonderen Ort in Wolfsburg einfach mal besucht. Schließlich ist er real und sucht in der Stadt seinesgleichen. So kann man das bunte Treiben direkt vor Ort verfolgen und muss nicht auf einen Bildschirm glotzen. Die Weißstörche haben es sich nämlich auf dem Schornstein der ehemaligen Bäckerei so richtig gemütlich gemacht, um hier dem Brutgeschäft nachzugehen.

Und in Sachen Eigenheim sind die Adebars durchaus wählerisch. Wechselhafte Wetterbedingungen, Regen und Kälte können bei Störchen sogar dazu führen, ihre Brut aufzugeben. Man kann also durchaus behaupten: Familie Storch fühlt sich in Wolfsburg ausgesprochen wohl.

Warmenau hat nur knapp 500 Einwohner und ist damit das kleinste Dorf im Wolfsburger Stadtgebiet, dafür aber mit einer echten fliegenden Attraktion.

Und wer solche possierlichen Tierchen zu seinen Dauergästen zählt, der setzt sich auch besonders für den Erhalt von Mutter Natur ein. Denn landschaftlich hat sich Warmenau vor allem der Renaturierung des Wolfsburger Flusses Aller verschrieben, wo zahlreiche bedrohte Tier- und Pflanzenarten ein ungestörtes Zuhause haben. Es sei denn, einer der Bäckerei-Störche kommt vorbei und hat Hunger auf einen kleinen Snack.

Adresse Ecke Krugfeld/Hannoversche Straße, 38448 Wolfsburg-Warmenau | **ÖPNV** Buslinie 202, Haltestelle Warmenau | **Tipp** Wer die Störche live sehen möchte, besucht Warmenau am besten frühestens ab Februar bis spätestens zum Herbst. Danach zieht es Familie Adebar meistens zum Urlaub in den Süden.

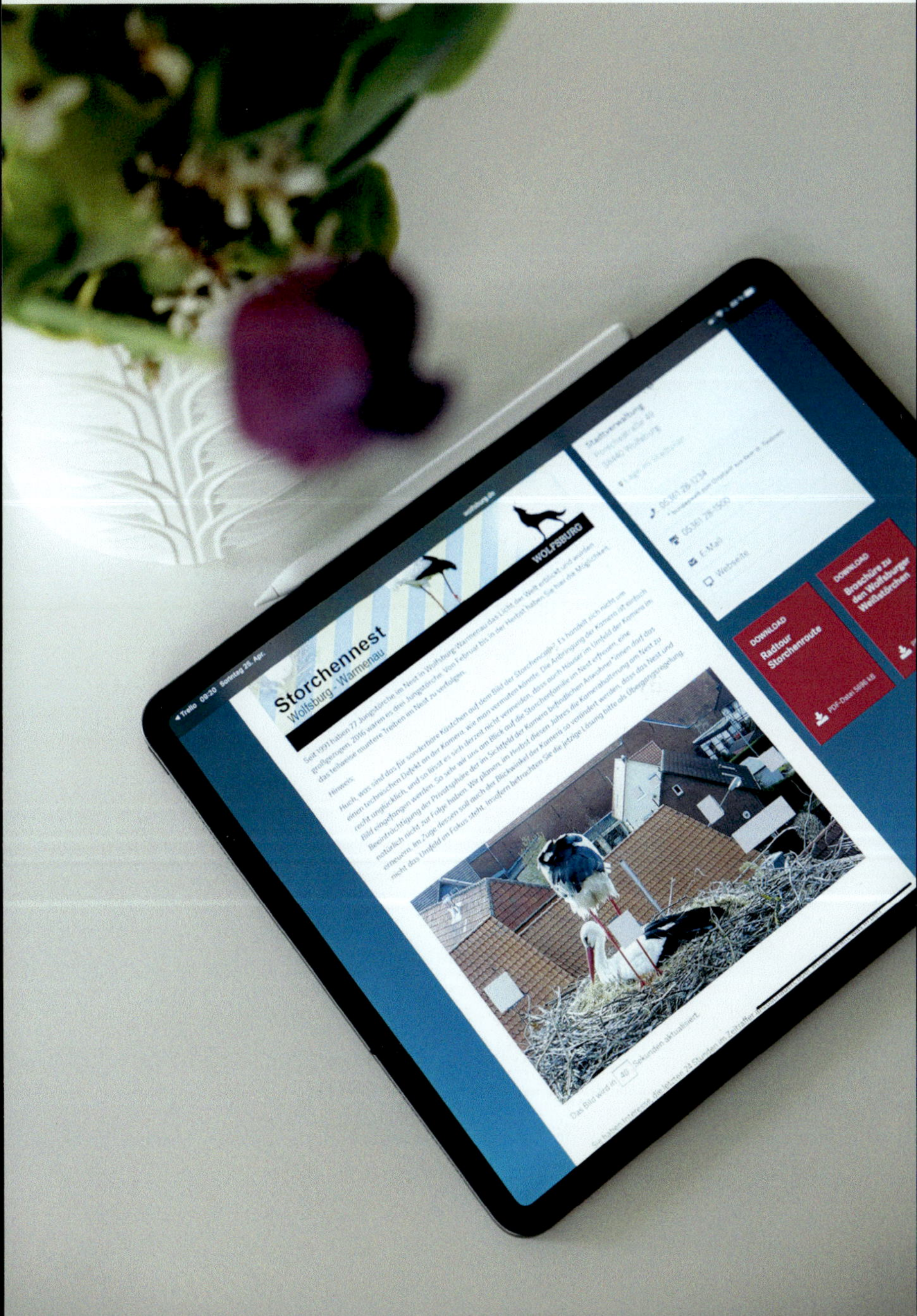

5 Der Bahndamm

Die Lok auf dem Picknicktisch

Wie an der Schnur gezogen verläuft der helle Schotterweg an dieser Stelle über die große Lichtung in den Wald hinein. Wer an diesem Ort in Ehmen steht, dem wird schnell klar: Gewöhnlich ist dieser Platz nicht. Tatsächlich befindet man sich inmitten Wolfsburger Geschichte. Genau hier verlief eine Bahnstrecke, die im Zweiten Weltkrieg genutzt wurde, um ein im Ehmer Wald verstecktes Tanklager der Luftwaffe zu erreichen. Die versuchte von hier aus – unbemerkt von den Alliierten –, den Nachschub für ihre Kriegseinsätze zu sichern.

Der Ehmer Bahndamm mit seiner mitten aus dem Unterholz auftauchenden Brücke war für die Anwohner stets Erinnerung und Mahnmal zugleich. Denn das Tanklager wurde 1945 von den Alliierten bombardiert, der Krieg war vor der eigenen Haustür angekommen. Alles natürlich keine schönen Dinge, die damals in der Region passiert sind.

Danach verfiel die Bahnstrecke im Wald mehr oder weniger, auch von der Brücke blieben nur Reste übrig. Einige sind heute noch zu sehen und wirken wie eine große, helle Mauer aus Stein. Diese fällt dem Spaziergänger jedoch meist kaum auf, aber wenn doch, fragt man sich schon: Wie kommt denn jetzt genau an diese Stelle eine Wand an den Rand des Gehwegs?

Ehmer Heimatpfleger haben hier auf dem Bahndamm etwas Einmaliges geschaffen: Der Blick öffnet sich auf einen der schönsten Picknickplätze von Wolfsburg. Es wurde nicht einfach nur ein großer Tisch samt Bänken in die Landschaft gepflanzt, sondern eine Tischplatte aus indischem Granit, die gleichzeitig ein Kunstwerk ist. Sie zeigt, passend zum Ort, eine eingravierte Lok. Eine besondere Lok, eine T-3 mit dem Namen »Ehmen«, die 1914 im Kaiserreich in Betrieb genommen wurde und über den alten Bahndamm auf der Strecke Braunschweig–Ehmen tatsächlich fast täglich ins Dorf rollte. Wolfsburg gab es zu dem Zeitpunkt noch nicht.

Adresse 38442 Wolfsburg-Ehmen, Geodaten 52°23'15.4"N 10°42'30.0"E | ÖPNV Buslinie 204, 231, Haltestelle Walkdenriedstraße | Tipp Wer am Lok-Tisch eine Wanderung über den Bahndamm startet, den führt die Strecke fast kerzengerade komplett durch ein schönes Waldgebiet. Am Ende landet man bereits in den Helmstedter Ortsteilen Klein Brunsrode oder Flechtorf.

6 Der Bahnhof Neindorf

Wo schon der Bundespräsident frühstückte

Meistens bilden Bahnhöfe das Zentrum eines Ortes. Im südlichsten Wolfsburger Stadtteil Neindorf ist dies nicht so, doch das ist bei Weitem nicht der einzige Grund, warum der Alte Bahnhof ein ganz besonderer Ort ist. Ursprünglich Teil der Bahnstrecke Schandelah-Oebisfelde, wurde hier bereits Mitte der 70er Jahre der Personenverkehr eingestellt. Der Betrieb lohnte sich offenbar für die Bahn nicht mehr. Auch hatte sich der Verkehr in und um Wolfsburg auf andere Wege verlagert. Die Bahnhofsgebäude in Neindorf und sogar die dazugehörige ehemalige Gaststätte (alles heute Privatbesitz) sind aber erhalten und bilden quasi das stumme Begrüßungskomitee am nordwestlichen Ortseingang von Neindorf.

Bereits der Bischof von Halberstadt hat den Ort 1197 erwähnt, damals noch unter dem Namen Neindorpe. Daraus entwickelte sich Jahrhunderte später der »Südzipfel Wolfsburgs«. Überhaupt ist das ganze Areal um den ehemaligen Bahnhof sehr geschichtsträchtig: In unmittelbarer Nähe war auch eine Kartoffelflockenfabrik angesiedelt, die im Zweiten Weltkrieg unter dem Tarnnamen »Kaffee« als Außenstelle des VW-Werks fungierte, in der auch Zwangsarbeiter beschäftigt wurden. Diese wurden von der US-Armee im April 1945 befreit.

Eine andere, deutlich positivere Geschichte um den Neindorfer Bahnhof hat sich allerdings zu einer Art »urban legend« entwickelt. Sie handelt von Bundespräsident Heinrich Lübke, der von 1959 bis 1969 im Amt und für seine verbalen Aussetzer bekannt war. Lübke hielt 1965 eine Rede im benachbarten Helmstedt. Die Legende besagt, dass er danach aufgrund ungeklärter Umstände im Bahnhof Neindorf beziehungsweise der Bahnhofsgaststätte übernachten musste. Zeitzeugen erzählen sich jedenfalls, dass Sicherheitskräfte in der örtlichen Bäckerei am nächsten Morgen Brötchen für den Bundespräsidenten kauften und zum Alten Bahnhof kutschierten.

Adresse Juliushöh 4, 38446 Wolfsburg-Neindorf | ÖPNV Buslinie 215–218, Haltestelle Neindorf Bahnhof | Tipp Der Bahnhof liegt außerhalb von Neindorf. Um die Ecke befindet sich mit dem Waldsportplatz die schöne Anlage des örtlichen Sportvereins. Wer in den historischen Ortskern von Neindorf wandern möchte, muss ein paar Minuten Fußweg einkalkulieren.

7 Der Berliner Bär

Er steppt zwar nicht, aber er lächelt

Die steinerne Figur steht mitten auf einer schön gepflegten Wiese mit Blumenbeeten und Sträuchern drumrum. Ihre Arme sind ausgestreckt, als würde sie die zahlreichen Besucher umarmen wollen, die meistens eilig die benachbarte große Kreuzung passieren. Die Figur erträgt alles lächelnd und hat sich daran gewöhnt, eine Randerscheinung zu sein – wenn auch eine niedliche beziehungsweise sympathische in diesem Stadtteil.

Eigentlich müsste sie ja laut Volksmund steppen, denn die Skulptur ist ein Bär. Genauer gesagt eine Nachbildung des Berliner Bären, die 1992 im Hellwinkel aufgestellt wurde. Warum die Wahl ausgerechnet auf das Wappentier der deutschen Hauptstadt für die Verschönerung eines Platzes in Wolfsburg fiel, ist nicht bekannt. Fakt ist: Der Bär ist in unmittelbarer Nähe nicht allein. So steht die Figur etwa am Berliner Ring, um die Ecke befindet sich die Bären-Apotheke, die ebenfalls den Berliner Bären im Wappen trägt. Dieser soll übrigens Vermutungen zufolge gar nicht auf ein Tier zurückgehen, sondern auf einen Adeligen: Albrecht I., genannt »der Bär«. Ihm zu Ehren soll die deutsche Hauptstadt im Jahr 1280 den Teddy ins Wappen gehievt haben. Außerdem findet man im Wolfsburger Stadtgebiet immer wieder Hinweise oder steinerne Wegweiser, die angeben, wie weit Berlin von Wolfsburg entfernt ist. 1960 feierte man hier sogar eine Berlinwoche und hieß Bundeskanzler Willy Brandt willkommen. Als Stadt im damaligen Zonen-Randgebiet wollte man sich offensichtlich mit dem geteilten Berlin besonders solidarisch zeigen.

Der Hellwinkel-Bär ist ungefähr so groß wie ein Schulkind und wurde vom 2011 auf Sylt verstorbenen Bildhauer Anatol Buchholtz entworfen und aus Naturstein geformt. Farblich in Grau-Braun-Grün gehalten, wirkt er auf den ersten Blick etwas unscheinbar, gehört aber unverwechselbar zur künstlerischen Gestaltung des Wolfsburger Stadtteils.

Adresse Kreuzung Berliner Ring/Reislinger Straße, 38440 Wolfsburg-Hellwinkel | ÖPNV Buslinie 203, 204, Haltestelle Wolfsburg Kiebitzweg | Tipp Ein direktes Parken an der Skulptur ist nicht möglich. Genutzt werden sollten der benachbarte Reislinger Markt, wo es auch einige Geschäfte gibt, oder das Wohngebiet am Kiebitzweg.

8 Die Bildergalerie im Werkstunnel

Abwechslung beim langen Marsch

Wer zu Fuß ins Volkswagenwerk möchte, hat einen längeren Marsch vor sich. Der Weg führt erst mal unter die Erde, genauer gesagt unter den Mittellandkanal. Unterwegs, etwa zu Tor 6 und 17, geht es zum Schichtwechsel zu wie in der U-Bahn-Station einer Metropole. Treppe runter, Treppe hoch, dazwischen jede Menge gekachelte Tunnelwand – und jede Menge Menschen. 12.000 sind es täglich. Allein schon dieser besondere Arbeitsweg lohnt einen Besuch. Denn der örtliche Charme, der einem leeren Schwimmbecken oder Badezimmer gleicht, ist nicht so eintönig, wie es klingen mag. Und das liegt auch daran, dass die Wände für die VW-Werker auf dem Weg zur Arbeit meistens mit großflächigen Bildern gestaltet sind.

Dauerfotoausstellungen, etwa von Fotograf Heinrich Heidersberger, zeigen Wolfsburg in Bildern einer jungen Stadt. Heidersberger ist so was wie die Ikone der Werbe- und Industriefotografie in Wolfsburg und quasi schon mit Benzin im Blut auf die Welt gekommen: Geboren in der späteren Audi-Hauptstadt Ingolstadt, verschlug es ihn 1961 permanent mit seiner Arbeit an den VW-Konzern-Hauptsitz in Wolfsburg. 2003 wurde er sogar Ehrenbürger der Stadt – klar, dass man immer wieder über seine fotografischen Werke »stolpert«. Wie eben sogar auf dem Weg zum Volkswagenwerk. Hier weht dann gern mal der Geist vergangener Jahrzehnte bildlich durch den hallenden Werkstunnel unter dem Kanal.

Wer sich die Zeit nimmt, an den Ausstellungsstücken zu verweilen, lernt ein ganz anderes Gesicht der Volkswagen-Stadt und ihrer Entwicklung kennen. Eins, das die Eindrücke aus der Arbeiterstadt noch einmal schärft.

Früher wäre so eine Bildergalerie im Werkstunnel übrigens nicht möglich gewesen: da musste man zum Überqueren des Kanals eine Holzbrücke benutzen.

Adresse 38440 Wolfsburg-Autostadt, Geodaten 52°25'46.7"N 10°46'53.6"E | **ÖPNV** Buslinie 211, Haltestelle Wolfsburg Schachtweg | **Tipp** Der Gang durch den Kanal mit Blick auf die Fotos kann sehr gut mit einer Werksführung verbunden werden. Das Besucherzentrum ist auf der anderen Seite des Tunnelausgangs.

9 Der Billen-Pavillon

Barcelona auf der Baustelle

Wolfsburg wird in der Regel mit Volkswagen gleichgesetzt. Doch auch andere Unternehmen haben in dieser Stadt ihren Fußabdruck hinterlassen, häufig sogar in künstlerischer Hinsicht. Zu den prominentesten Beispielen gehört der Billen-Pavillon. Benannt nach dem mittelständischen Betrieb »Naturstein-Billen« und dessen Inhaber Johann Tilmann Billen, ist das Gebäude wohl nicht nur in Wolfsburg einzigartig – und davon sollte man sich durchaus mal vor Ort überzeugen.

Es steht in einem Industriegebiet in unmittelbarer Nähe zum Mittellandkanal. Drumherum wechseln sich Industriebrache und Baustelle ab, denn Naturstein-Billen gibt es nicht mehr. Was aber übrig blieb, ist der Pavillon, der 1959 vom Architekten Rudolf Richard Gerdes als Kundenzentrum erbaut wurde. 2012 wurde er unter Denkmalschutz gestellt und ist inzwischen zur Kunstgalerie und Kulturstätte umfunktioniert worden, wenngleich er nicht durchgängig als solche genutzt wird.

Inspiriert wurde der Billen- vom Barcelona-Pavillon, der auf der Weltausstellung 1929 in Katalonien für Aufsehen sorgte. Dort hieß er auf Katalanisch schlicht »Pavellò alemany«, also Deutscher Pavillon. Er war ein Prestigeobjekt der Weimarer Republik und sollte Werbung machen für Handwerks- und Industriekunst made in Germany. Merkmale: durchgehende Fensterfronten und ein begrüntes Atrium. Die Wände sollten fast transparent wirken. Alle Platten wurden mit einer Naturstein-Fassadenverankerung befestigt – wahrscheinlich der Grund, warum der Inhaber von Naturstein-Billen damals über das reine Architektur-Interesse hinaus den Barcelona-Pavillon als Inspiration gewählt haben dürfte.

Das Atrium findet sich natürlich auch in der Wolfsburger Variante wieder. Quasi aus dem Inneren des Billen-Pavillons wächst eine Robinie empor und sorgt so für ein optisches Highlight, das man in Wolfsburg auf alle Fälle mal gesehen haben sollte.

Adresse Maybachweg 9, 38446 Wolfsburg-Heßlingen | ÖPNV Buslinie 212, Haltestelle Wolfsburg Feuerwehr | Öffnungszeiten Programm unter www.billen-pavillon.de | Tipp In unmittelbarer Nähe des Pavillons befinden sich im Industriegebiet Dieselstraße zahlreiche Geschäfte und Unternehmen sowie das Automuseum von Volkswagen. Auch die Shopping-Meile »Designer Outlet Center« ist um die Ecke.

10 Die Bollmohrscheune

Wo Wolfsburgs Puppen tanzen

Rotes Dach, rotes Fachwerk, davor holpriges Kopfsteinpflaster. Alte Häuser in der Nachbarschaft. Der Kern von Alt-Heßlingen wirkt in Wolfsburg wie aus der Zeit gefallen und ist vielleicht deshalb so reizvoll. Bereits 871 gab es hier in »Hesslinghe«, wie der ursprüngliche Name lautete, eine Pfarrei. Durch den Bau der Wolfsburg etwa 500 Jahre später entwickelte sich Heßlingen dann noch einmal weiter, und das bis heute. Hier wirkt die junge Stadt Wolfsburg so gar nicht wie eine junge Stadt und ist trotzdem wunderschön – gerade, weil man es unweit von City und Volkswagenwerk wahrscheinlich nicht unbedingt erwartet.

Einer der Orte hier, an denen man in Wolfsburg einmal gewesen sein sollte, ist die Bollmohrscheune. Und Scheune ist dabei durchaus wörtlich zu nehmen. Inzwischen ist sie natürlich komplett umgebaut, saniert und damit auch wesentlich ansehnlicher, als es noch vor Jahren und zur Zeit der originalen Nutzung der Fall gewesen sein mag. Seit 2000 beherbergt sie die Wolfsburger Figurentheater-Compagnie, das einzige Theater der Stadt mit eigenem Ensemble. Figurentheater sagt es eigentlich schon: Hier tanzen Wolfsburgs Puppen – ob an Schnüren oder per Hand.

Märchengeschichten für Kinder, aber auch »härterer Stoff« mit Stücken und Veranstaltungen für Erwachsene werden im abgedunkelten Saal der Bollmohrscheune gespielt. Eine besondere Form des Theaterspiels, die von jeher Groß und Klein in ihren Bann gezogen und begeistert hat.

Passend dazu: Das Gebäude hat seinen eigenen Charme, ist innen zwar modern, aber nicht komplett verbaut. Luftig könnte man sagen, ein Ort, an dem man sich auch längere Zeit gern aufhalten mag. Seminare, Mitmachaktionen und Kindergeburtstage werden hier ebenfalls veranstaltet und sorgen entsprechend für gute Laune oder vermitteln Wissen. Nicht umsonst heißt der Ort rund um die Bollmohrscheune auch Kulturdorf Alt-Heßlingen.

Adresse Am Hasselbach 4, 38440 Wolfsburg-Rothenfelde | **ÖPNV** Buslinie 383, Haltestelle Wolfsburg Amtsgericht | **Öffnungszeiten** Programm unter www.wolfsburger-figurentheater.de | **Tipp** Neben der Bollmohrscheune gibt es in unmittelbarer Umgebung weitere historische Fachwerkgebäude zum Anschauen. Außerdem befinden sich dort ein Restaurant und ein Café.

11 Der Bolzplatz auf dem Klieversberg

Kicken mit Aussicht

Hier liegt einem beim Fußballspielen quasi die Welt zu Füßen. Oder zumindest Wolfsburg, das ja spätestens seit dem Aufstieg des VfL Wolfsburg 1997 eine waschechte Fußballstadt ist. Der schönste Bolzplatz der Stadt liegt auf dem Klieversberg und bietet einen erstklassigen Ausblick über die Kernstadt und die nördlichen Gebiete. Hier kann man hervorragend erkennen, wie grün die Stadt ist und wie wenig die Sicht mit Hochhäusern verbaut ist. Bei klarem Himmel geht der Blick weit über die Werksschornsteine hinaus. Wer hier das schöne Panorama genießt, kann schnell beim Kicken ein Tor wegen Unachtsamkeit kassieren. Das sollte natürlich nach Möglichkeit nicht passieren und kann auch den ein oder anderen Rüffel der Mannschaftskameraden zur Folge haben, aber verständlich wäre es schon.

Gelegen auf einer großen Wiese, deren oberer Teil bei (seltenem) Schneefall auch als Rodelbahn genutzt werden könnte, findet man den Platz im Dreieck zwischen dem Stadion des TV Jahn, Klinikum und Theater – versteckt am Waldrand und nicht direkt mit dem Auto erreichbar. Man muss schon den Geheimtipp-Bolzplatz und die Seitenstraße von der Langberg-Seite kennen, um möglichst in die Nähe zu kommen. Wer das aber auf sich nimmt, kann hier nicht nur kicken, sondern auch einen perfekten Sonntagsspaziergang oberhalb von Wolfsburg absolvieren.

Wobei »oberhalb« natürlich relativ zu sehen ist: Der Klieversberg liegt lediglich 110 Meter über Normalhöhennull (NHN). Doch das reicht im flachen Wolfsburg schon für einen guten Überblick. Die Wege laden zu einem Rundgang über den Klieversberg ein, oder man legt sich einfach mit einer Picknickdecke ins Gras und genießt den Ausblick über die Stadt, der wahrscheinlich von hier aus einen nachhaltigen Eindruck hinterlassen wird.

Adresse 38440 Wolfsburg-Klieversberg, Geodaten 52°25'00.0"N 10°46'25.0"E | **ÖPNV** Buslinie 218, Haltestelle Wolfsburg Föhrenhorst 2 | **Tipp** Direkt am Klieversberg befinden sich mehrere Pensionen und Hotels für alle, die sich für eine Unterkunft halb im Grünen, halb in der Stadt interessieren.

12 Das Brackstedter Mühlrad

Unerwünschter Lieferservice

Die Kleine Aller hat ihren Ursprung in der Eiszeit. Das ist also schon eine gewisse Zeit her. Heute ist sie 23 Kilometer lang und Zufluss von Aller und Allerkanal, was wahrscheinlich selbst in Wolfsburg nicht jeder weiß. Sie zieht sich auf bis zu fünf Meter Breite auch durch den Wolfsburger Norden und zeigt vor allem im Ortsteil Brackstedt ihre schönste Seite. Bis 1972 war Brackstedt sogar eigenständig, bevor es nach Wolfsburg quasi »übergesiedelt« beziehungsweise eingemeindet wurde. Ursprünglich hieß der Ort der Überlieferung nach auch mal Brakstede. Er war stets ländlich und von Ackerbau geprägt, wie so viele Dörfer rund um die Wolfsburger City.

Hier, am historischen Mühlrad der Brackstedter Mühle sollte sich jeder mal eingefunden haben, der sich für Wolfsburg interessiert. Denn der Ort hat einiges an bewegter Historie zu bieten. Am kuriosesten ist wohl diese Geschichte: 1748 wurde der hiesige Müller Henning Gaden verwarnt, weil er das Getreide bei seinen Kunden abholte, mit dem Mühlrad mahlte und wieder ablieferte. Der Konkurrenz war diese Urform des Hol- und Lieferservice ein Dorn im Auge. 1750 wurden sogar die Pferde der Brackstedter Mühle von Amtswegen konfisziert – Skandal!

Bis 1964 war das Mühlrad in Aktion, es ist aber wunderbar erhalten und restauriert worden. Ein wunderschönes historisches Gebäude direkt am Durchfluss der kleinen Aller, das auf alle Fälle einen Besuch wert ist. Es ist auch eine Station der Niedersächsischen Mühlenstraße, die Denkmalpflege und Tourismus vernetzt und sich durch zahlreiche Gemeinden und Landkreise zieht – und eben auch durch Wolfsburg. Inzwischen würde sich sicher keiner mehr beschweren, sollte von hier aus wieder ein Lieferservice angeboten werden. Wobei es sich dann wohl eher um Leckereien aus der dortigen Küche als um geerntetes Korn und das daraus gewonnene Mehl handeln dürfte …

Adresse an der Kleinen Aller, Zum kühlen Grunde 2, 38448 Wolfsburg-Brackstedt | ÖPNV Buslinie 201, 202, Haltestelle Brackstedt | Tipp Die Brackstedter Mühle ist heute ein Hotel-Restaurant. Nach einer Übernachtung kann direkt mit dem Blick auf das Mühlrad auf der schönen Holzterrasse über der Kleinen Aller gefrühstückt werden.

13 Die Brauhaustafel

Wolfsburgs urigster Tisch

Schon beim Betreten des großen Saales im Fallersleber Brauhaus überkommt einen gute Laune, und das ist ja schon mal ein perfekter Grund, um einen Ort zu besuchen, den man vielleicht noch nicht so genau kennt. Wenn man die alte, steinerne Treppe hinunterschaut in den Raum mit den vielen rustikalen Tischen und Bänken sowie den großen kupferfarbenen Braukesseln an der Kopfseite, dann hat man unweigerlich Lust, tatsächlich auch mal ein selbstgebrautes Bier zu kosten. Und diesem Wunsch kann man natürlich hier dann auch problemlos nachkommen. Der beste Platz dafür ist aber ein Ort, der hier noch mal deutlich heraussticht: die steinerne Tafel in der hinteren Ecke des Raumes.

Dieser riesige Steinquader als Platte dürfte wohl problemlos als Wolfsburgs urigster Tisch durchgehen – bei seinem Anblick fallen einem spontan Vokabeln wie bodenständig oder rustikal ein. Hier speist und trinkt es sich mit einem Gefühl von Mittelalter bei gleichzeitigem Überblick über den gesamten Raum. Man ist ein bisschen für sich und trotzdem mittendrin, wenn vor allem an den Wochenenden der Trubel herrscht. Das Besondere: An der Steintafel finden wahrscheinlich locker 20 Personen Platz. Sie gehört zu den Orten in Wolfsburg, an denen man mal gesessen haben sollte, um einen amüsanten und brauhausmäßigen Abend zu verleben. Und dabei passt die Tafel perfekt in das Ambiente des Fallersleber Brauhauses, diesem schon 1756 errichteten Gebäude im Herzen des Wolfsburger Ortsteils. Damals sollte in Schlossnähe ein großes Brauhaus entstehen, um den regionalen Durst zu löschen, den es auch damals schon vermehrt gab.

Ähnlich mächtig wie der Tisch sind auch die Maße des Brauhauses an sich: 14 mal 38 Meter aus Bruchsteinen, viergeschossiges Mansardendach mit Dachgauben, um die Belüftung der Kornböden zu ermöglichen. Aus dem Korn wurde dann das Bier gebraut – heute Fallersleber Schlossbräu.

Adresse Rothenfelder Markt, 38440 Wolfsburg-Fallersleben | **ÖPNV** Buslinie 383, Haltestelle Wolfsburg Amtsgericht | **Öffnungszeiten** in der Regel täglich 11–22 Uhr | **Tipp** In den Sommermonaten empfiehlt sich auch ein Besuch des Brauhaus-Biergartens mit Blick auf den Fallersleber Schlossteich. Direkt an das unübersehbare Gebäude grenzt auch ein Piratenschiff-Spielplatz für Kinder an. Während Mama und Papa also ein Gläschen trinken kann, entert der Nachwuchs das Klettergerüst.

14 Der Bronzebrunnen

Kunstwerk von Peter Szaif

Er ist eine Wasserspielanlage, die zu den markantesten in Wolfsburg zählt: der große Bronzebrunnen am Dunantplatz. Aus kleinen und großen Bronzerohren sprudelt das Wasser, kleine Fontänen und Wasserläufe sorgen für beruhigendes Plätschern und sind so angelegt, dass auch Kinder hier spielen können. Das kann man als Besucher auch immer mal wieder beobachten – vor allem in den wärmeren Sommermonaten. Dann bietet das kühle Nass eine willkommene Abwechslung mit urbanem Flair. Wobei das den Kindern in dem Moment wahrscheinlich egal sein dürfte.

Der Brunnen liegt am Rand des Dunantplatzes im Stadtteil Eichelkamp in der Nähe des Städtischen Klinikums. Vor 1950 war der Eichelkamp noch nicht bebaut, lediglich eine Landstraße in den Ortsteil Mörse führte hier entlang.

Doch das hat sich in der Folgezeit deutlich verändert. Erst wuchs der Stadtteil, dann kam der Brunnen dazu. Die Anlage wurde 1963 vom Wolfsburger Künstler Peter Szaif entworfen und aufgestellt, um – der Bauhaus-Idee folgend – Kunst in den Alltag zu bringen.

Immer wieder wurde der in Siebenbürgen geborene Szaif von der Stadt beauftragt, greifbare Kunstwerke zu erschaffen. So entwarf er nicht nur den Bronzebrunnen mit seinen Röhren am Dunantplatz, sondern auch weitere Wasserspiele für andere Wolfsburger Stadtteile. Für seine Werke nutzte der Künstler immer wieder Materialien aus dem industriellen Zeitalter, um Maschinen und Apparate zu reflektieren. Auch mehrere Plastiken, Statuen und Teile von Gebäuden gehören zur Kunst von Szaif, der bereits 1970 verstarb.

Der Brunnen am Dunantplatz gehört aber zu den auffälligsten seiner Entwürfe und Umsetzungen. 2009 musste er aufgrund zahlreicher Schäden renoviert werden. Kostenpunkt: 200.000 Euro. Die nötigen Bauarbeiten wurden gleichzeitig genutzt, um das direkte Umfeld des Brunnens für den Stadtteil schön zu gestalten.

Adresse Dunantplatz 9, 38440 Wolfsburg-Eichelkamp | ÖPNV Buslinie 202–204, Haltestelle Wolfsburg Sauerbruchstraße | Tipp Im direkten Umfeld des Brunnens befinden sich mehrere Geschäfte, ein Café und ein Waldgebiet, das sich hervorragend für Spaziergänge eignet.

15 Das Bullenkloster

Vom Ledigen-Wohnheim zum Hotel

Immer wieder war die Wohnraumsituation in der Boomtown Wolfsburg angespannt. Häufig gab es nicht genug Wohnungen, vor allem für Alleinstehende. Das war schon kurz nach der Stadtgründung so. Entsprechend wurde von Volkswagen-Seite Abhilfe geschaffen: mit dem Ledigen-Wohnheim in der Kleiststraße. Für die jüngeren Leser unter uns: »Ledig« ist ein älteres Wort für »single«. Und da dort hauptsächlich Männer ihr Quartier bezogen, bekam das Gebäude im Volksmund irgendwann den spöttischen Titel »Bullenkloster« verliehen. Wahrscheinlich weil der Testosterongehalt in den Stuben der ledigen Arbeiter entsprechend hoch gewesen sein muss. Und ein bisschen kann man das auch verstehen. Immer nur arbeiten und dann in der wenig komfortablen Butze Marke »Mega-Männer-WG« hocken – das war mit Sicherheit ein überschaubares Vergnügen.

Mitte 1949 fehlte in den Bullenkloster-Betten sogar noch die Matratze. Die Männer nächtigten auf Stroh. Volkswagen-Chef Heinrich Nordhoff, der 1948 das Ruder als Generaldirektor der damaligen »Volkswagenwerk GmbH« übernommen hatte, genehmigte daraufhin die Ausstattung mit Matratzen für die Mitarbeiter, »weil die Stuben kein gutes Bild boten«. Und es wurde auch Zeit, dass sich etwas nachhaltig änderte.

Im Laufe der Jahre ging der Bedarf an Ledigen-Wohnheimen zurück, und der Komplex wurde umgenutzt. Seit 1996 befindet sich hier das Hotel Global Inn, das aufgrund der vielen Geschäftsreisenden und der Verwaltung durch die unternehmenseigene Immobilientochter immer noch Volkswagen-Bezug hat. Nur die Betten im ehemaligen Bullenkloster sollen inzwischen etwas bequemer geworden sein.

Der weiße Gebäudekomplex im typischen Wolfsburger-Innenstadt-Stil dürfte zu den wandlungsfähigsten zählen: In der Corona-Krise wurde das Hotel sogar als »Behelfskrankenhaus« ausgestattet, um gegebenenfalls das städtische Klinikum zu entlasten.

Adresse Kleiststraße 46, 38440 Wolfsburg | **ÖPNV** Buslinie 180, 211, Haltestelle Wolfsburg Berufsschulzentrum | **Tipp** Über die Kleiststraße erreicht man schnurgerade und problemlos die Wolfsburger Kernstadt. In unmittelbarer Nähe befinden sich auch mehrere Restaurants.

16 Burg Campen

Wohnen auf dem Schlossgemäuer

Beim Wort »Campen« denkt heutzutage wahrscheinlich jeder an Wohnmobile oder Zelte, aber in Flechtorf bei Wolfsburg ist damit eine waschechte Burg gemeint. Burg Campen, oder auch Schloss Campen, liegt südlich der Ortschaft zwischen zwei Flussarmen. Heinrich der Wunderliche und Albrecht der Feiste (was für Namen) sorgten 1279 dafür, dass Burg Campen im Zuge ihrer Eroberung erstmals erwähnt wurde.

Danach war in dem ritterlichen Gemäuer wahrscheinlich einiges los, bei dem man gern mal Mäuschen gespielt hätte: Über die Jahrhunderte wurde das Bauwerk immer wieder ausgebaut, überfallen, teilweise zerstört, umgestaltet und schließlich von den Nazis als Ausbildungszentrum genutzt. Ein unrühmliches Kapitel.

Inzwischen ist Burg Campen in Privatbesitz, und auf die alten Steine wurde sogar ein Fachwerkhaus als Wohngebäude gesetzt. Wohnen auf dem Schlossgemäuer sozusagen. Und das hat für viele durchaus einen gewissen Reiz. Genau genommen handelt es sich allerdings um die steinernen Überreste des Amtshauses, das auf der Burg einst errichtet wurde und zum Fürstentum Braunschweig-Wolfenbüttel zählte.

Und dieses Fürstentum hatte durchaus eine bewegte Geschichte, schließlich bestand es bis zur Auflösung des Heiligen Römischen Reichs Deutscher Nation im Jahre 1806. Dabei wechselten die Herrscher aus dem Geschlecht der Welfen immer wieder munter durch. 1814 wurde das Gebiet dann zum Herzogtum Braunschweig erklärt.

Natürlich ist das Gelände nicht mehr so fürstlich, wie es im 16. Jahrhundert mal war, als zu Burg Campen noch ein Kavalierhaus und ein Lustgarten zählten. Doch Burgreste und Nebengebäude sind teilweise noch erhalten und vermitteln dem Besucher einen Hauch von Mittelalter auf gerade mal 80 mal 100 Metern, die Burg Campen zu einem besonderen Ort rund um Wolfsburg machen und einen Ausflug wert sein lassen.

Adresse An der Burg 3, 38165 Lehre | **ÖPNV** Buslinie 218, 227, Haltestelle Flechtorf Braunschweiger Straße | **Tipp** Ebenfalls in Flechtorf gibt es ein interessantes Stück Industriegeschichte: die Flechtorfer Mühle. Sie war schon 1370 in Betrieb. Inzwischen ist sie ein modernes Unternehmen, dessen historische und moderne Gebäude dicht beieinander stehen und einen interessanten Kontrast bilden.

17 Café »Schau-ins-Land«

Wolfsburgs höchste Kuchentafel

Normalerweise gehören Seniorenheime nicht unbedingt in die Kategorie »Ausflugsziel«. Doch auch das ist in Wolfsburg ein bisschen anders. Traditionell kümmert man sich in der hiesigen Diakonie im Hochhaus am Steimker Berg um die Belange der älteren Mitbürger. Pastor Erich Bammel gründete 1955 den »Verein für Innere Mission Wolfsburg«, wie das damals noch hieß. Daraus ging später das Diakonische Werk Wolfsburg hervor. Bammel sorgte auch für die Entstehung zahlreicher Kirchengebäude, die bis heute zum Stadtbild zählen.

Aber zurück zum Hochhaus: Hier ist im 16. Stock der Einrichtung ein Ort zu finden, der nicht nur Jung und Alt zusammenbringt, sondern gleichzeitig Wolfsburgs höchste Kuchentafel bietet. Das Café »Schau-ins-Land« verrät bereits im Namen, was einen Besuch so attraktiv macht. Denn seinen Kuchen, das Tortenstück oder auch einen kleinen Snack genießt man hier mit einem sagenhaften Ausblick hoch oben über den Dächern von Wolfsburg. Und das gibt es im Stadtgebiet nicht ganz so häufig.

Aber nicht nur deswegen herrscht hier eine ganz besondere Atmosphäre. Das Café ist für Wolfsburg auch eine einzigartige Begegnungsstätte, die es in ähnlicher Form in der Region wohl nicht noch einmal gibt und gerade deshalb Erwähnung finden sollte. Auch wenn die Einrichtung ein bisschen bieder und altbacken erscheint (es ist also kein hipper In-Laden), ist ein Besuch durchaus ein echtes Erlebnis – wegen der Menschen, der Mitarbeiter und natürlich wegen des Panoramas, das sich hinter den Fenstern offenbart. Hinzu kommt über das Jahr ein buntes Veranstaltungsprogramm.

Das Diakonie-Hochhaus wurde von 1966 bis 1968 gebaut, um Senioren, aber auch Müttern mit ihren Kindern in bedarfsgerechten Apartments ein schönes Zuhause zu geben. Das Aussehen der Wohnungen dürfte sich seit damals durchaus verändert haben, das Anliegen und die Hintergründe allerdings nicht.

Adresse Erich-Bammel-Weg 2, 38446 Wolfsburg | **ÖPNV** Buslinie 215, 216, Haltestelle Steimker Berg Emmausheim | **Öffnungszeiten** Mi–So 14–18 Uhr | **Tipp** Monatlich findet jeden zweiten Sonntag ein Tanzcafé im »Schau-ins-Land« statt. Ein beliebter Termin für Bewohner des Hochhauses und Gäste des Cafés.

18 Café Schrill

Wolfsburgs niedlichster Biergarten

Die Kneipenszene in Wolfsburg ist überschaubar, vor allem wenn man aus dem Bereich der Innenstadt hinausgeht. Gerade die gute alte Dorfkneipe ist in den Ortsteilen häufig dem Zahn der Zeit zum Opfer gefallen. Das ist natürlich in vielen Fällen schade, aber wahrscheinlich auch Ausdruck der modernen und mobilen Gesellschaft, in der sich das Dorfleben eben irgendwann nicht mehr nur an einem Ort abspielt, sondern auch darüber hinaus. Trotzdem: Eine wohltuende Ausnahme stellt im Gastro-Angebot von Wolfsburg das Café Schrill in Mörse dar. Vor allem auch, weil es sich über die Jahre seinen ganz eigenen Charme erhalten hat.

Das beginnt bereits im Außenbereich des Cafés, bei dem man aufgrund der Größe schon von Wolfsburgs niedlichstem Biergarten sprechen kann. Hinter hohen Hecken kann man es sich vor allem in den warmen Monaten an den wenigen Holztischen gemütlich machen. Drinnen erwartet den Gast dann eine Mischung aus Bistro, Kneipe, Bar und Café mit ganz viel Retrocharme: alte Sofas und Lampenschirme aus Großmutters Zeiten, knarzende Holzdielen sowie leckere Spezialitäten aus der Küche, vor allem aus dem Baguette- und Pasta-Genre. Hier lohnt sich der ein oder andere herzhafte Bissen.

Das Schrill führt im Ortsteil Mörse eine lange Kneipentradition fort und ist nicht nur ein gern genutzter Treffpunkt von Be- und Anwohnern des Dorfs, sondern von Wolfsburgern aus dem ganzen Stadtgebiet. Vielen ist das Café wahrscheinlich ein Begriff, daher wird es gern als Kneipen- und Bistrotreff genutzt.

Mitunter finden im Schrill auch Lesungen und Konzerte statt. Dann wird schon mal die Empore am Ende des Raums, die normalerweise als erhobene Sitzfläche des Cafés genutzt wird, zur Bühne. Wer von der Empore hinabsteigt und links abbiegt, landet außerdem in einem besonderen Séparée, falls man bei seinem Besuch ein bisschen ungestörter sein möchte.

Adresse Hattorfer Straße 23, 38442 Wolfsburg-Mörse | ÖPNV Buslinie 204, Haltestelle Mörse | Öffnungszeiten Mo–Sa 18–22 Uhr, Tel. 05361/71525 | Tipp Mörse hat für einen »kleinen Ortsteil« eine erstaunliche Kneipendichte. In unmittelbarer Umgebung befinden sich noch das Café Bo'ca und der Irish-Pub Chris Inn. Direkt am Schrill gibt es außerdem eine Weinhandlung und einen empfehlenswerten Biomarkt.

19 Der Detmeroder Teich

Wolfsburgs idyllischste Parkbank

Parkbänke gibt es viele rund um das Naherholungsgebiet Detmeroder Teich zwischen dem gleichnamigen Stadtteil und dem Ortsteil Mörse. Das 41 Hektar große Gebiet ist eine ideale und sehenswerte Joggingstrecke, weil man fast direkt am Wasser den Teich komplett umrunden kann. So macht die sportliche Anstrengung dann auch ein bisschen mehr Spaß. Doch gewesen sein sollte man vor allem an einem Punkt.

Hier befindet sich die wohl idyllischste Parkbank Wolfsburgs – sofern man das bei der Vielzahl von Sitzmöglichkeiten in und um die Stadt so sagen kann. Auf alle Fälle bringt der Platz die besten Voraussetzungen dafür mit. Und er ist auch noch relativ leicht zu finden: Vom Ankunftspunkt und Parkplatz geht man gegen den Uhrzeigersinn den asphaltierten Weg mitten durch grüne Strauch- und Baumlandschaft. Immer wieder schimmert das Wasser durch das Unterholz. Und dann öffnet sich mitten im Grün ein sehr schönes Fleckchen mit Blick auf die »Detmeroder Skyline«, davor der Teich und eine abschüssige Wiese, von der man leicht erhöht aufs Wasser blickt. Früher war hier zwischen mehreren dicken Steinen auch eine wilde Feuerstelle. Auf Zündeln sollte aber aufgrund der Brandgefahr eher verzichtet werden. Die Steine sind – zugegeben etwas verwildert – immer noch erkennbar und runden das Panorama ab. Hinter einem blüht im Frühjahr ein goldgelbes Rapsfeld, und es schlängelt sich ein kleiner Bach vorbei. Es hat fast schon etwas Kitschig-Schönes.

Genau hier haben die Stadtplaner dankenswerterweise eine Sitzgelegenheit hingestellt. Wer einmal mit Gitarre, Feierabendbierchen und den Kumpels auf ihr gesessen hat, weiß diesen Ort sehr zu schätzen. Ein bisschen scheint nämlich inmitten der Natur, mit Blick auf die Hochhausarchitektur, tatsächlich die Zeit stillzustehen. Auch der Publikumsverkehr hält sich an dieser Stelle meistens in Grenzen.

Adresse 38444 Wolfsburg-Detmerode, Geodaten 52°23'12.2"N 10°44'26.2"E | **ÖPNV** Buslinien 201–204, Haltestelle Wolfsburg Detmerode | **Tipp** Der Weg zur Parkbank oder auch rund um den See ist ideal zum Inline-Fahren oder für eine Radtour. Es gibt kaum Schlaglöcher und die Strecke ist durchgehend flach.

20 Don Camillo und Peppone

Wolfsburgs Hochhaus-Pärchen Nummer eins

Die beiden Romanfiguren von Giovannino Guareschi sind weltberühmt: Don Camillo und Peppone sind neben Dick und Doof wahrscheinlich der Inbegriff von Gegensätzlichkeiten – auch optisch. Der lange, dürre Pfarrer und der kleinere, dicke Bürgermeister sorgen mit ihren ständigen humorvollen Reibereien in einer Kleinstadt für gute Laune. Die beiden wurden im Italien der Nachkriegszeit der Inbegriff für gesellschaftliche Aufbruchsstimmung auf der einen und das Festhalten an traditionellen Werten auf der anderen Seite. Und auch in Wolfsburg hat die italienische Saga einen Platz erhalten: in Form der wohl bekanntesten Hochhäuser der Stadt.

Im Stadtteil Detmerode wurden die beiden Gebäude in den 60er Jahren im Rahmen des Zuzug-Booms vom Architekten Rudolf Richard Gerdes direkt nebeneinander errichtet. Das eine lang und dünn, das andere kleiner und breiter in der optischen Wirkung. Es überrascht daher nicht, dass insbesondere dank der vielen italienischen Gastarbeiter die beiden Hochhäuser bald ihre Spitznamen weghatten. Die Neu-Wolfsburger hatten aus ihrer Heimat besagte Aufbruchsstimmung mitgebracht und erhofften sich hier eine bessere Zukunft für sich und ihre Familien oder kurz gesagt: eine neue Heimat.

Schon aus weiter Ferne sind die beiden Türme deutlich zu erkennen. Aufgrund ihrer Form sind sie zu einem lieb gewonnen Wahrzeichen geworden. Deshalb denkt bei Don Camillo und Peppone in Wolfsburg zunächst jeder eigentlich erst an zwei Gebäude und nicht an zwei Romanfiguren. Was kaum jemand weiß: Der Gebäudekomplex ist das höchste reine Wohngebäude in Niedersachsen und schon deshalb ein besonderer Ort. In einer aufwendigen Aktion wurden die 13 und 23 Stockwerke großen Hochhäuser komplett entkernt, Baustoffsünden entfernt und eine neue Fassade errichtet. Ein herausgeputztes Wahrzeichen, von dessen Spitze man sogar bis zum Harz blicken kann.

Adresse Theodor-Heuss-Straße 72, 38444 Wolfsburg-Detmerode | **ÖPNV** Buslinie 201, Haltestelle Mörser Winkel | **Tipp** Um die Ecke befindet sich der Bürgerpark Detmerode mit allerlei Spielmöglichkeiten für Kinder inklusive Bolzplatz. Außerdem ist das dortige Einkaufszentrum fußläufig erreichbar.

21 Die Drei Steine

Das »Wolfsburger Stonehenge«

Das Licht fällt gebrochen wie ein besonderer Schleier durch die dicht stehenden Bäume. Plötzlich lichtet sich der Wald und gibt einen unerwarteten Blick frei. Mächtig und beeindruckend liegen sie vor einem: die »Drei Steine«, die diesem Ort im Wolfsburger Unterholz seinen Namen gegeben haben. Manche sprechen auch mit einem Augenzwinkern vom hiesigen Stonehenge. Und so wirkt es auch, als könnten jeden Moment Merlin, Miraculix oder Robin Hood in Südost-Niedersachsen um die Ecke biegen.

Geologisch handelt es sich bei der Formation um riesige Sandsteine, die geschätzt um die 170 Millionen Jahre alt sind. Sie stammen damit aus dem Erdmittelalter (nicht zu verwechseln mit dem bekannteren Mittelalter, als Ritter und Burgfräulein lebten). Inzwischen sind die Drei Steine ein Ausflugsziel für Familien, da Kinder auf den steinernen Zeitzeugen hervorragend herumklettern können. Sozusagen ein cooles Klettergerüst, hingestellt von Mutter Natur. Manche kommen auch einfach nur zum Verweilen oder für ein Päuschen her.

Denn der Platz hat auf der einen Seite etwas Beruhigendes, aber gleichzeitig auch etwas Mysteriöses. Wie sind die Drei Steine in dieser Formation mal dort hingelangt? Zu welchem Zweck? Welche Kräfte waren an diesem Platz am Werk? Darüber lässt sich mitten im Wald herrlich sinnieren.

Südlich des VW-Bades in Nachbarschaft des Schillerteiches gelegen, lohnt sich allein schon wegen der Naturverbundenheit ein Ausflug. Insbesondere Liebespaare haben die Drei Steine genutzt, um sich mit ihren Initialen in dem weichen Sandstein zu verewigen. Die Location wird manchmal sogar als Veranstaltungsort genutzt. Egal, ob Gitarren- oder Orchesterklänge – die Drei Steine haben schon so einiges gehört und auch an Besuchern gesehen, worüber sie selbst einige Geschichten erzählen könnten. Doch natürlich schweigen sie. Mitten im Wald – wie schon seit Jahrmillionen.

Adresse Berliner Ring 41, 38440 Wolfsburg, Geodaten 52°24'43.8"N 10°47'45.6"E | ÖPNV Buslinie 203, 204, 215, Haltestelle Wolfsburg VW-Bad | Tipp Festes Schuhwerk wird empfohlen. Im Café des VW-Bads in der Nähe der Drei Steine kann man sich verpflegen.

22 Das Ehmer Freibad

Wasserbecken mitten im Wald

Dieser Ort gehört mit Sicherheit zu den schönsten Lost Places im gesamten Wolfsburger Stadtgebiet. Lost Places, das sind aufgegebene oder verlassene Plätze, die aber dennoch auf die Menschen in der Region eine besondere Anziehungskraft entwickeln – trotz oder gerade wegen des Verfalls. So auch hier. Für den Besucher ist es auf den ersten Blick gar nicht als solches zu erkennen: das alte Ehmer Freibad. Es liegt mitten im Wald, verfällt mehr oder weniger vor sich hin und hat doch einen verwunschenen Zauber und ist ein Hort der Ruhe. Kaum zu glauben, dass hier Menschen vor Jahrzehnten tatsächlich schwimmen gingen und ihre Freizeit an diesem Wasserbecken verbrachten.

Noch deutlich sichtbar sind die Mauern aus Ziegelstein, die Treppe zum Becken und ein Bereich, der an einen Sprungturm erinnert – obwohl man sich hier aktuell einen gelungenen Kopfsprung nur schwer vorstellen kann. Die Wasserqualität im Freibad hat über die Jahre natürlich stark gelitten.

Inzwischen sind hier allerlei Tiere beheimatet, die man auch in einem Teich findet. Aber sogar Schildkröten und einheimische Schlangen wurden hier von den Spaziergängern schon gesichtet. Graffiti-Sprayer haben sich ausgetobt inmitten dieses sonst so grünen Ortes, den man in der Nähe der Ehmer Kläranlage nicht unbedingt vermutet.

Mitunter soll das Freibad angeblich auch als Wasserlöschteich genutzt worden sein. Wobei man sich schon fragt, wie das in der Praxis funktioniert hat, schließlich ist der Weg aus dem Wald in die Siedlung kein kurzer.

Wer hierherkommt, für den vergeht die Zeit gefühlt langsamer. Ein gutes Buch lesen oder zeichnen, sitzend auf der Steinmauer am Beckenrand – diese Perspektive zieht doch noch den ein oder anderen Waldspaziergänger an. Das Gleiche gilt für Hobby-Angler. Ein Wolfsburger Lost Place mit einer ganz besonderen Ausstrahlung.

Adresse 38442 Wolfsburg-Ehmen, Geodaten 52°23'15.6"N 10°42'55.8"E | ÖPNV Buslinie 204, Haltestelle Ehmen Wilshoop, am besten fußläufig oder mit dem Rad erreichbar | Tipp Das alte Ehmer Freibad ist für Naturfreunde interessant und auch ein Geocache-Punkt, falls man an diesem Spiel teilnimmt.

23 L'Emigrante

Die italienischste Statue Wolfsburgs

Wolfsburg ist durch die Zuwanderung italienischer Gastarbeiter in seiner Geschichte stark geprägt worden. Überall in Kultur und Stadtgebiet gibt es Spuren des italienischen Anteils der Stadt. Eine dieser Spuren befindet sich in der Nähe des Ortes, an dem die meisten Zugereisten das erste Mal in Kontakt mit ihrer neuen Heimat gekommen sind: am Hauptbahnhof.

Dieser wurde übrigens lange vor jener Zeit eröffnet. 1928 war das. Damals glich das Ganze aber eher einer Bretterbude, an die sich Reisende wahrscheinlich nicht so gern erinnerten. Das heutige Bahnhofsgebäude wurde 1957 errichtet – genau rechtzeitig, denn so wurde es zum Portal in eine neue Welt für die vielen Menschen, die sich aus dem Ausland aufgemacht hatten, um in Wolfsburg einen Schritt in die Zukunft zu wagen.

Wenige Gehminuten entfernt steht die Statue »L'Emigrante«, auf Deutsch: der Auswanderer. Sie zeigt einen mit Koffern bepackten Mann, buchstäblich bei der Ankunft in Wolfsburg – genau an der Stelle, wo hauptsächlich in den 1960er Jahren Tausende Gastarbeiter von südlich der Alpen ankamen, blieben und Dolce Vita mit nach Wolfsburg brachten und das Stadtbild nachhaltig veränderten.

Kurios: Die Statue des Künstlers Quinto Provenziani hat in Wolfsburgs Stadtgebiet selbst eine Reise hinter sich, wenn auch eine vergleichsweise kurze. Eigentlich stand sie in der Nähe der Volkswagen Arena, wenige Kilometer entfernt. Auf dem Gelände in unmittelbarer Nähe zum Arbeitgeber Volkswagen befand sich die erste Wohnanlage der Gastarbeiter. Dort wurde zunächst auch »L'Emigrante« aufgestellt, um an diese Epoche zu erinnern.

Allerdings befanden irgendwann die Stadtverantwortlichen: An diesem Ort wird sie nicht angemessen genug gewürdigt. Also war ein Umzug angesagt, und der Auswanderer wanderte aus dem Allerpark aus, hinüber auf den Willy-Brandt-Platz am Hauptbahnhof. Da steht er nun und freut sich auf Besuch.

Adresse Willy-Brandt-Platz, 38440 Wolfsburg | **ÖPNV** Buslinie 201–204, Haltestelle Wolfsburg Hauptbahnhof | **Tipp** Wer »L'Emigrante« betrachtet hat und danach eine Pause braucht, geht direkt über den Zebrastreifen Richtung Stadtmitte. 50 Meter weiter befindet sich passenderweise das italienische Restaurant Linario auf der rechten Seite.

24 Die »Esso« am Köhlerberg

Wolfsburgs berühmteste Tankstelle

Es ist interessant, wie sich manche Ortsbezeichnungen im Sprachgebrauch halten, obwohl der eigentliche Ort in dieser Form schon jahrelang nicht mehr vorhanden ist. So verhält es sich auch mit Wolfsburgs wohl berühmtester Tankstelle. Wahrscheinlich jedem Einwohner, ob Alt oder Jung, ist dieser Ort ein Begriff, fällt er doch bei der Einfahrt in die City von Süden her sofort ins Auge. Von der Architektur erinnert er viele an ein amerikanisches Diner aus einem 50er-Jahre-Hollywoodfilm, selbst wenn die ganz bunten Leuchtreklamen und die roten Ledersitzgruppen selbstredend fehlen. Wenn jemand in Wolfsburg von der »Esso« spricht, dann weiß eigentlich jeder, welches Gebäude gemeint ist. Dabei ist die »Esso« gar keine normale Tankstelle mehr.

2005 wurde die Benzin- und Diesel-Station geschlossen, was grundsätzlich für Wolfsburg aufgrund der vorhandenen Tankstellen-Dichte kein großes Problem darstellte. Doch weil das Gebäude seit 1995 unter Denkmalschutz steht, fiel eine Umnutzung schwer und schied ein Abriss aus – was im Nachhinein nur positiv bewertet werden kann, sonst würde ja ein interessanter Ort Wolfsburgs fehlen. So stand die Denkmal-Tankstelle von 1951 allerdings auch zunächst längere Zeit leer, wurde zum Wolfsburger Symbol für längst vergangene Wirtschaftswunder-Jahre – und blieb den Einwohnern trotzdem immer gegenwärtig. Und es gab so manches Gespräch, was oder wer denn dort Platz finden könnte.

Inzwischen fungiert die »Esso« tatsächlich wieder als eine moderne Art von Tankstelle. Allerdings bekommt man hier keinen herkömmlichen Sprit, sondern Strom gezapft. Die berühmte Tankstelle mit ihrem markanten Vordach ist jetzt eine E-Mobility-Station und wandert damit als Wahrzeichen von der Vergangenheit der Mobilität mal eben mit in die Wolfsburger Zukunft. Den Strom gibt es übrigens aus erneuerbaren Energien, neben dem Erhalt des Gebäudes eine weitere gute Nachricht.

Adresse Braunschweiger Straße 10, 38440 Wolfsburg-Köhlerberg | ÖPNV Buslinie 203, 204, 215, 216, Haltestelle Wolfsburg Köhlerbergstraße | Tipp Mit dem Auto ist die Tankstelle nur von der Siemensstraße oder der Braunschweiger Straße stadtauswärts, aber nicht stadteinwärts direkt erreichbar. Besonders in der Abenddämmerung mit eingeschalteter blauer Beleuchtung ist das Gebäude ein schönes Fotomotiv.

25 Der Feuertornado im Phaeno

Kein Sturm im Wasserglas

Der wohl spektakulärste Ort für ein Selfie in Wolfsburg sieht eigentlich aus wie eine große Petrischale. Zur Erinnerung: Das ist so ein rundes Plexiglasding, mit dem hilflose Schüler meistens im Biounterricht hantieren mussten. Doch darin erwachsen in diesem Fall keine Bakterienkulturen, sondern auf Knopfdruck entsteht hier ein Naturphänomen, das ein einzigartiges Fotomotiv abgibt: der Feuertornado im Wolfsburger Mitmach- und Wissenschaftsmuseum Phaeno.

Petrischale ist dann auch nur als optische Analogie zu sehen. Über fünf Meter hoch züngelt plötzlich neben dem Besucher eine Feuersäule, die sich mithilfe von Ventilatoren in den größten brennenden Tornado Europas verwandelt. Die Flammen bilden dabei eine sich drehende Luftsäule und erzeugen so einen Wirbelsturm, der seinesgleichen sucht. Wobei das Wort Wirbelsturm an diesem Ort der Wissenschaft eher unwissenschaftlich ist. Denn »sturmartige Windsysteme« mit einer »vertikalen Drehachse«, wie das Vorkommnis eigentlich heißt, unterscheiden sich zum Teil deutlich voneinander. Hurrikan und Taifun sind wohl die bekanntesten. Der Tornado, auch als Windhose bekannt (wissenschaftlich: Großtrombe), gehört ebenfalls in diese Gruppe. So wie im Phaeno eindrucksvoll zu sehen.

Das Ganze ist übrigens nicht nur eine wissenschaftliche Spielerei, sondern ein Ereignis, das in der Natur bei Waldbränden tatsächlich entstehen kann – allerdings möchte man dann wohl nicht live dabei sein. Im Phaeno kann man nicht nur ein schickes Foto an zwei verschiedenen Positionen machen (der Feuertornado kann vom Boden und über eine Galerie auch von oben fotografiert werden), sondern gleichzeitig auch was lernen.

Dazu gibt es im Phaeno ohnehin mehr als genug Gelegenheiten: Der Feuertornado ist nur eine von 350 Lernstationen auf 9.000 Quadratmetern, wenngleich auch bestimmt die spektakulärste.

Adresse Willy-Brandt-Platz 1, 38440 Wolfsburg | ÖPNV Buslinie 201–204 und 211–213, Haltestelle Wolfsburg Stadtwerke | Öffnungszeiten unter www.phaeno.de | Tipp Es lohnt sich, bei einem Besuch auf spezielle Mitmach-Aktionen vor allem für Kinder zu achten. Hier wechselt regelmäßig das Angebot. Integriert ist im Phaeno auch ein eigenes Restaurant und ein Café, für den, der mal Durst oder Hunger bekommt.

26 Der Findlingsgarten

Ein Hauch von Eiszeit

Wolfsburg und Königslutter teilen sich nicht nur ein Autobahnkreuz zwischen der A2 und der A39, sondern auch jede Menge Wald und Flur im Grenzgebiet, die es zu erkunden gilt. Verlässt man in südlicher Richtung über den Ortsteil Neindorf das Wolfsburger Stadtgebiet, liegt wenige Fahrminuten entfernt bei Königslutter ein besonderer Ort: der Findlingsgarten.

An diesem Platz kann der Besucher live in die Erdgeschichte eintauchen, denn hier gibt es Spuren der letzten Eiszeit. Steinerne Spuren genauer gesagt.

Es ist eine einmalige Ansammlung von mehr als 300 Findlingen, die während der Eiszeit über 1.000 Kilometer weit aus Nordeuropa verschoben wurden. Und jetzt kann man sich in etwa vorstellen, was dabei für Kräfte am Werk gewesen sein müssen, auch wenn das Ganze natürlich sehr lange gedauert hat. Im Findlingsgarten ist eine vom Gletscher geformte Landschaft nachgestaltet. Erdgeschichte zum Anfassen sozusagen. Und genau dazu lädt der Ort auch ein. Das Eis formte und schliff die Steine immer wieder ab, sodass diese rund und glatt wurden. Hier kann sich jeder mal fragen, wie viel Schmirgelpapier und Handarbeit es bräuchte, wenn unsereins einen Stein so glattkriegen wollte. Sicherlich keine Beschäftigung für einen gemütlichen Sonntagnachmittag. Im Gegensatz zu einem Besuch im Findlingsgarten.

Dieser befindet sich mitten in einem Waldgebiet und ist etwas abgelegen. Auf den ersten Blick lässt sich nicht vermuten, dass es sich hier um eine Stätte von so erdgeschichtlicher Tragweite handelt. Ein Naturmuseum der besonderen Sorte also. Wer sich für Geologie interessiert und vor Begriffen wie Moräne, Gletschertor und Sander nicht zurückschreckt, für den ist der Findlingsgarten ein Ort, an dem man gewesen sein sollte. Und auch die kleinen Besucher kriegen dort altersgerecht beigebracht, wie die Eiszeit Steine von A nach B transportierte.

Adresse Wolfsburger Straße, 38154 Königslutter am Elm | **ÖPNV** Buslinie 269, 360, Haltestelle Königslutter a. E. Fuhren | **Anfahrt** A2, Ausfahrt Königslutter, L290 folgen bis Wolfsburger Straße, Parkplatz zu Fuß etwa 10 Minuten entfernt | **Öffnungszeiten** ganzjährig täglich | **Tipp** Wer sich mit dem Thema Geologie noch mehr beschäftigen möchte: In der Ilm-Region gibt es einige Steinbrüche, zum Beispiel den Hainholz. Hier kann man auch als Besucher selbst nach Fossilien suchen.

27 Das Forum AutoVision

Wolfsburgs Silicon Valley

Viele Orte in Wolfsburg sind neu oder haben eine überschaubare Geschichte. Dennoch sind sie absolut sehenswert und beeindrucken durch ihre Bauweise oder Lage. Einer dieser Orte, an denen man in Wolfsburg zweifelsohne gewesen sein sollte, ist das Forum AutoVision der Wolfsburg AG. Dieses wurde 1999 gegründet und hat seitdem im Wesentlichen vor allem ein Ziel: die Attraktivität von Wolfsburg zu stärken. Sogar die Arbeitslosigkeit in der Stadt konnte damals umfangreich gesenkt werden. Die Tätigkeitsfelder sind entsprechend umfänglich und reichen von Naheliegendem wie Mobilität und Freizeit bis hin zu Gesundheit und Bildung.

Und das alles wird quasi an einem Ort gebündelt: Das gesamte Gelände entlang der Strecke zwischen den Ortsteilen Fallersleben und Sandkamp ist beeindruckend, vor allem wenn man noch weiß, was vor der Bebauung an dieser Stelle zu sehen war – nämlich nichts beziehungsweise freie Wiese. Doch wie häufig in Wolfsburg hat auch hier ein nachhaltiger Wandel stattgefunden, der an vielen Stellen der Stadt baulich zu beobachten ist. Seit 2002 steht hier ein perfekt inszeniertes Ensemble an kubischen Bauten in einer parkartigen Landschaft mit See, Heide und perfekt gepflegten Rasenflächen.

Die Gebäude unterscheiden sich durch individuelle Fassaden. In der Mitte thront wie ein gelandetes UFO ein halbrundes Konferenzzentrum. Das Ganze erinnert nicht von ungefähr an einen modernen Universitätscampus nach amerikanischem Vorbild, sondern heißt auch so – zumindest teilweise: Der Innovationscampus gehört neben dem Forum und einem Engineering Zentrum zu einem Gelände, das man wahrscheinlich am besten als Wolfsburgs »Silicon Valley« bezeichnen kann. Natürlich mit automobilem Fokus. Denn hier agieren Start-ups, Volkswagen und Partnerunternehmen gemeinsam für die Entwicklung von Zukunftsprojekten. Ein lebendiges Netzwerk-Zentrum also.

Adresse Major-Hirst-Straße 7, 38442 Wolfsburg-Fallersleben und Sandkamp | ÖPNV Buslinie 211, Haltestelle Wolfsburg Forum AutoVision | Öffnungszeiten siehe www.innovationscampus.com | Tipp Im Forum AutoVision gibt es auch ein Betriebsrestaurant und ein Bistro für Gäste. Besuchern stehen über tausend Parkplätze zur Verfügung.

28 Der Frosch vom Ütschenpaul

Downtown Vorsfelde

Niemand Geringerem als dem Papst ist es zu verdanken, dass der neben Fallersleben größte Wolfsburger Ortsteil Vorsfelde erstmals Erwähnung fand. Genauer gesagt Papst Lucius II. Dieser war übrigens nicht so fromm unterwegs, wie man sich das vorstellen mag. Wenn man den Überlieferungen glaubt, war er häufig an einem Platz zu finden – dem Schlachtfeld. Und damit wären wir beim Thema: Der Papst erwähnte in einer Bulle auch den Ort Varesfeld. Im Jahre 1145 war das, der Name bedeutete so viel wie »Platz, wo man den Fluss überquert«, vermutlich auch zu militärischen Zwecken.

Inzwischen ist aus Varesfeld längst Vorsfelde geworden. Ein Ortsteil mit gleich mehreren Orten, an denen man in Wolfsburg mal gewesen sein sollte. Orientieren wir uns aber an Papst Lucius und bleiben beim Thema Platz. Denn Vorsfelde hat einen ganz besonderen, genannt »Ütschenpaul«. Wer weiß, was dieser Name bedeutet, räumt bei Günther Jauch wahrscheinlich auch locker die 250.000-Euro-Frage ab. Den meisten – und das ist überhaupt nicht schlimm – wird das nichts sagen. Der Ütschenpaul ist ein dreieckiger Platz in Downtown-Vorsfelde am Ende von Amts- und Lange Straße, den beiden zentralen Straßen des Ortsteils. Am Kopf eines dortigen Brunnens thront ein riesiger Frosch – ganz ohne Krone und ohne Prinzessin mit goldenem Ball. Und damit sind wir bei der Auflösung des Namensrätsels. Der Ütschenpaul bezeichnet einen früheren Teich, in dem Frösche und Unken (oder eben auch: Ütschen) ihr Quak-Konzert veranstalteten. Passenderweise wurde dem Platz im Jahr 1990 der Mega-Frosch als Wahrzeichen verpasst. Dieser speit sogar ab und zu Wasser.

Man könnte vermuten, der Frosch hätte es sogar zum Vorsfelder Wahrzeichen gebracht. Mit dem Tipp würde man aber voll danebenliegen. Denn die Rolle des tierischen Bewohners im Ortswappen hat schon jemand anderes besetzt: das Wildschwein oder der Keiler.

Adresse Lange Straße 2, 38448 Wolfsburg-Vorsfelde | ÖPNV Buslinie 203, 216, Haltestelle Ütschenpaul | Tipp Rund um den Ütschenpaul gibt es zahlreiche Geschäfte und Restaurants. Lange Straße und Amtsstraße bilden einen natürlichen »Rundkurs« durch die Vorsfelder Altstadt, der zum Bummeln einlädt.

29 Die Gänseliesel

Zwischen Zunftbaum und leckerem Korn

Wie die Jungfrau zum Kinde kommen, so sagt es der Volksmund. Und so ähnlich ist auch die Geschichte der Gänseliesel im Wolfsburger Ortsteil Fallersleben.

Die niedliche Bronzefigur steht am Brunnenplatz neben dem Zunftbaum. Zur Erklärung: Das ist kein richtiger Baum, sondern ein Pfahl, an dem die Handwerker des Standorts ihr »Branchenzeichen« in Form einer Flagge aufgezogen haben. Die Tradition geht zurück bis ins 16. Jahrhundert. Heute dient das Ganze eher der Traditions- und Imagepflege. Und genau darum geht es auch bei der schönen Statue an diesem Ort. Sie erinnert daran, dass in unmittelbarer Nachbarschaft über Jahrhunderte ein Gänsemarkt beheimatet war.

Doch eigentlich war für den Platz gar keine Statue vorgesehen, jedenfalls nicht die Gänseliesel. Fallersleber Bürger und eine lokale Partei wollten dem Ortsteil eine Statue schenken, ursprünglich eine Darstellung der einheimischen Ikone Herzogin Clara. Doch im Atelier von Künstler Ladislav Hlina fiel die Wahl dann doch auf das Kind mit der Liebe zum Federvieh – und das war mitnichten eine schlechte Entscheidung. Der Ort ist wohl gewählt im Herzen der Altstadt von Fallersleben. Zwischen den toll erhaltenen Fachwerkhäusern bilden Statue und Brunnen ein stimmiges Bild.

Besonders lohnt sich eine Stippvisite hierher während des traditionsreichen Altstadtfestes. Denn direkt neben der Liesel gibt es die Stände zweier absoluter Wolfsburger Lokalgrößen in Sachen Flüssigkeit: zum einen den Sülfelder-Korn-Stand mit Gebranntem aus der Region, zum anderen das Schlossbräu aus dem ortsansässigen Brauhaus, das in diesem Buch schon einen eigenen und besonderen Ort bekommen hat (siehe Ort 13).

Mit dem vollen Humpen setzt man sich dann ins Sitz-Rondell neben die Gänseliesel und lässt den Abend ausklingen oder beginnt ihn hier. Und das hat in Wolfsburg, pardon in Fallersleben, auch schon richtig Tradition.

Adresse Brunnenplatz, Westerstraße 37, 38442 Wolfsburg-Fallersleben | ÖPNV Buslinie 203, 204 und 211, Haltestelle Altes Brauhaus | Tipp Rund um den Brunnenplatz und die malerische Altstadt gibt es jede Menge kleiner Geschäfte, den Schlosspark, Restaurants und Eisdielen.

30 Die Gärten der Nationen

Zwischen den Hochhäusern von Westhagen

Als die Stadt Wolfsburg wuchs und wuchs, brauchte es Wohnraum für die Menschen – möglichst schnell und möglichst viel davon. So entstand ab 1964 ein neuer Stadtteil: Westhagen. Riesige Wohnkomplexe und Hochhäuser schossen in den Himmel, Mehrfamilienhaus reiht sich an Mehrfamilienhaus. Spötter sprechen häufig vom Musterbeispiel einer Trabantenstadt. Und tatsächlich wurde hier die ein oder andere Bausünde begangen, mit der die meisten Wolfsburger aber wie selbstverständlich aufgewachsen sind.

Westhagen ist zu einem Schmelztiegel für verschiedene Kulturen und Menschen aus zahlreichen Nationen geworden, die hier eine neue Heimat fanden. Von Seiten der Stadt wird und wurde auch einiges versucht, um das Leben rund um die Wohnsilos einigermaßen ansprechend zu gestalten. Passend zur Geschichte des Stadtteils und den unterschiedlichen kulturellen Backgrounds wurde 2004 ein neuer Ort geschaffen, der dem Ganzen perfekt Ausdruck verleiht: die »Gärten der Nationen«.

Als Freiraumkonzept entstanden, bildet der über ein Hektar große Bereich inmitten der Hochhäuser von Westhagen einen interessanten Kontrast – und wer je in Westhagen gewesen ist, weiß, was damit gemeint ist. Dabei wurden sowohl Spiel- als auch Freizeitelemente integriert und eine Allee zum Schlendern angelegt. Im Grunde also eine Art Freizeitpark im kleinen, aber feinen Rahmen.

Namensgeber wurden die 400 Quadratmeter großen Parzellen, die den Westhagenern zur freien Bewirtschaftung zur Verfügung stehen: Die »Gärten der Nationen« können nach Gusto bepflanzt werden, mit Blumen, Büschen, Kräutern, ganz nach Belieben. Das Konzept funktioniert offenbar gut, und der Respekt ist da: Es gibt dort so gut wie keinen Vandalismus zu verzeichnen, das war in Westhagen nicht immer selbstverständlich. Aber schön, dass es bei den »Gärten der Nationen« offenbar so ist.

Adresse Dresdener Ring 57, 38444 Wolfsburg-Westhagen | ÖPNV Buslinie 201, 203, Haltestelle Westhagen Jenaer Straße | Anfahrt direkt an der A39, zu erreichen über die Ausfahrten Fallersleben oder Mörse | Tipp Über den angelegten Allee-Weg gelangt man auch schnurgerade zum Einkaufszentrum von Westhagen und dem dortigen Marktplatz.

31 Der Gebetsraum

Assalamu alaikum

Während mancherorts darüber diskutiert wird, ob der Islam zu Deutschland gehört, ist das in Wolfsburg weitestgehend kein Thema. Durch die Zuwanderung von Gastarbeitern in den 1970er Jahren für Volkswagen vornehmlich aus Tunesien wurde aus Kollegen über die Integration in Sportvereinen und im privaten Bereich häufig mehr. Nämlich oftmals Freunde, Sportkameraden und Nachbarn. 1978 wurde der Islamische Verein Wolfsburg gegründet und verlieh dieser Entwicklung Ausdruck. 2004 entstand auch dank der großzügigen Unterstützung eines Scheichs gegenüber des Schillerteichs das Islamische Kulturzentrum, um das kulturelle Leben noch weiter zu fördern. Vielfach ist im Volksmund verkürzend auch von der »Moschee« die Rede, doch die ist im Grunde nur ein Teil des religiösen Zentrums.

Trotzdem gehören die dortigen Gebetsräume nicht nur aus kulturellen und religiösen Gründen zu den Orten, an denen man in Wolfsburg gewesen sein sollte. Allein, um sich in Zeiten von hitzigen Diskussionen auf der ganzen Welt über Religion und Co. vielleicht mal ein eigenes Bild vor Ort zu verschaffen.

Die lichtdurchfluteten Räume und die Gestaltung des Zentrums erlauben schon mal einen unvoreingenommenen Blick und somit beste Voraussetzungen. Allein aufgrund der Bauweise und seiner Größe ist das Islamische Kulturzentrum einmalig in der Region. 1.500 Muslime in Wolfsburg und Umgebung erreicht das Angebot. Es gibt auch Führungen, bei denen Fragen rund um den Islam beantwortet werden – ein wichtiger Beitrag zum Abbau von unnötigen Vorurteilen.

Doch nicht nur das: Über das Abrahamforum Wolfsburg wird auch der interreligiöse Zusammenhalt mit christlichen und jüdischen Gemeinden in der Stadt gefördert und so auf ein friedliches Miteinander gesetzt. Auch das ist ja heutzutage nicht selbstverständlich, aber umso schöner, dass es beispielhaft in Wolfsburg möglich ist.

Adresse Islamisches Kulturzentrum, Berliner Ring 39, 38440 Wolfsburg | **ÖPNV** Buslinie 203, 204, Haltestelle Wolfsburg VW Bad | **Öffnungszeiten** Anmeldung für Führungen über die Homepage des Islamischen Kulturzentrums (www.islam-wolfsburg.de/wb) | **Tipp** Es gibt im Zentrum regelmäßig Vorträge über Themen zum Islam und dem Verhältnis zu anderen Weltreligionen.

32 Die Gefängniszellen

Kultiger Keller-Knast

Schon von außen macht das alte Amtsgerichtsgebäude in Fallersleben optisch was her. Das Gebäude hat eine bewegte Geschichte und wurde 1936 neu gebaut, nachdem die örtliche Gerichtsbarkeit bis dahin im benachbarten Fallersleber Schloss untergebracht war. Ja, die Fallersleber hatten was übrig für wichtige öffentliche Orte in schmucken Gebäuden. Heute ist das ehemalige Amtsgericht eine Außenstelle der Wolfsburger Stadtverwaltung und wird zum Beispiel auch von vielen Brautpaaren als Standesamt-Location für die eigene Trauung angefragt, wegen des historischen Ambientes. Auch wenn die Räumlichkeiten im Innern nicht so großzügig gestaltet sind, zumindest nicht für ganz große Hochzeitsgesellschaften. Recht wird hier in Fallersleben aber schon seit 1974 nicht mehr gesprochen, dies geschieht nun am Amtsgericht Wolfsburg. Der aufmerksame Leser wird sich erinnern: Das ist dort, wo die Menschenrechte-Statue steht (siehe Ort 63). Dennoch schlummert im Bauch des Gebäudes in Fallersleben ein Platz, der noch an die alten Law-and-Order-Zeiten in dem Wolfsburger Ortsteil erinnert: der Knast.

Im Keller des Amtsgerichtsgebäudes sind bis heute mehrere Gefängniszellen aus den 30er Jahren erhalten beziehungsweise instand gesetzt worden. Diese können auch besichtigt werden. Das gewährt einen sehr eindrucksvollen Einblick, wie Bösewichte in vergangenen Zeiten »einquartiert« wurden, um dann dem Richter vorgeführt zu werden. Wahrscheinlich hat hier der ein oder andere damals auch eine schlaflose oder durchzechte Nacht zugebracht. Ein Eindruck ist hier quasi hautnah möglich, auf wenigen Quadratmetern hinter schwer beschlagenen Türen, Guckloch inklusive.

Die Idee, die Zellen auch Besuchern zugänglich zu machen, hatten übrigens Fallersleber Bürger selbst angeregt. 2014 wurde dann auch der Knast im Amtsgericht im Rahmen einer größeren Renovierungsaktion wieder hergerichtet.

Adresse Amtsgericht, Hofekamp 10, 38442 Wolfsburg-Fallersleben | ÖPNV Buslinie 204, 211, Haltestelle Altes Brauhaus | Öffnungszeiten Kontakt über Tel. 05362/98870 oder verwaltungsstelle.fallersleben@stadt.wolfsburg.de | Tipp Am Amtsgericht beziehungsweise der Verwaltungsstelle gibt es selten freie Parkplätze. Am besten weicht man auf die Parkplätze in der Altstadt aus. Über die Straße gelangt man übrigens fußläufig zum restaurierten Fallersleber Schloss und weiteren historischen Gebäuden.

33 Das Glasdach

Wolfsburgs teuerster Unterstand

Wenn etwas über eine Million Euro gekostet hat, dann muss es etwas ganz Besonderes sein. Könnte man meinen, aber wenn ein Text schon so beginnt, dann ist wahrscheinlich mit einer Pointe zu rechnen. Und jetzt Trommelwirbel: In Wolfsburg leistet man sich für den Preis – genauer gesagt für 1,1 Millionen – ein Dach. Mitten in der Fußgängerzone. Jetzt könnte man sich als Außenstehender durchaus fragen: Warum das denn? Und tatsächlich wird diese Frage seit Existenz des Daches in Wolfsburg gern immer mal wieder gestellt.

Die Glasdach-Konstruktion auf vier großen Säulen am Hugo-Bork-Platz war nämlich schon vor ihrer Fertigstellung umstritten, ist aber dadurch gleichzeitig ein sehr prägnanter Ort in Wolfsburgs City geworden. 2010 wurde der wohl teuerste Unterstand feierlich eingeweiht.

Und die meiste Zeit des Jahres ist er genau das: Schutz vor Regen und Witterung für das darunter befindliche große Straßen-Schachbrett, das zu früheren Zeiten hauptsächlich von Senioren zum Zeitvertreib genutzt wurde. Inzwischen ist das Glasdach aber zu einer echten Attraktion für die Passanten geworden – und ein gutes Beispiel dafür, dass trotz aller Diskussionen auch mal die Vorteile abgewartet werden sollten. Vor allem zahlreiche Festivitäten, von Oktoberfest bis Weihnachtsmarkt, finden so geschützt vor Regen unter dem Dach statt, das gerade bei Dunkelheit mit der entsprechenden Beleuchtung noch mal für eine besondere Atmosphäre sorgt.

Die markante Konstruktion fällt jedem City-Besucher bei einem Spaziergang über die Porschestraße sofort ins Auge. Für den Entwurf zeichnete ein Braunschweiger Architektenbüro verantwortlich. 2014 wurde es sogar noch mal erweitert. Ziel war es, die Attraktivität der Fußgängerzone zu steigern, und tatsächlich wurden seitdem mehr Besucher in der Wolfsburger Innenstadt gezählt. Vielleicht auch wegen der magnetischen Anziehung des Glasdachs.

Adresse am Hugo-Bork-Platz, Porschestraße 41, 38440 Wolfsburg | ÖPNV Buslinie 201 – 204, Haltestelle Wolfsburg Kaufhof | Tipp Unter dem Dach befinden sich mehrere Bänke und Sitzgelegenheiten. Es lohnt sich, hier mit einem Eis am Stiel oder Coffee to go Platz zu nehmen und den Menschen beim Einkaufsbummel zuzusehen.

34 Das Globenfeld

Die Probleme der Welt im Blick

Nach Eintritt in die Piazza der Autostadt fühlt sich der Besucher meistens klein, so riesig wirkt die Halle auf den Betrachter, die auch schon Schauplatz eines Hollywoodfilms gewesen ist, zumindest von außen. Meistens weiß man auch nicht so genau, wohin man sich zuerst wenden oder wo man hinschauen soll. Als Erstbesucher überkommt einen wahrscheinlich ein Gefühl der Überforderung. Immerhin wird man aber nicht durch größere Menschenmassen geschoben, sondern kann sich in Ruhe orientieren.

Der Blick fällt dann meistens unweigerlich auf den Mega-Globus in der Mitte als Bezugspunkt. Doch das eigentlich Interessante liegt darunter. Genauer gesagt: unter der Oberfläche, »unterirdisch«. Damit ist allerdings nicht der Weg hinab zu Garderoben und Toiletten gemeint. Nein, es geht um einen Ort inmitten der großen Halle. Und bei dessen Anblick fühlt sich der Besucher dann doch wieder etwas größer.

Denn hier liegt ihm buchstäblich die Welt zu Füßen. Oder soll man lieber sagen: die Welten?! Denn unter einer meterlangen und -breiten Glasbodenplatte sind 80 Weltkugeln montiert. In den verschiedensten Farben und Ausprägungen. Das Ganze ist ein begehbares Kunstwerk von Ingo Günther, der den Globus bereits seit Ende der 80er Jahre als Motiv nutzt. Das Globenfeld gehört sicher zu seinen beeindruckendsten Werken, hier sollte man in Wolfsburg unbedingt mal gewesen sein.

Doch der »World-Processor-Globenfeld«, wie das Gebilde unter der Glasplatte eigentlich heißt, hat natürlich auch einen ernsthaften Hintergrund. Die Globen symbolisieren die vielfältigen Probleme auf der Welt – aus politischer, sozialer oder auch ökologischer Sicht. Entsprechend unterschiedlich sind sie gestaltet.

Der Blick nach unten lohnt sich also hier besonders, vielleicht auch, um sich als Mensch dann doch wieder ein bisschen kleiner zu fühlen.

Adresse Stadtbrücke, 38440 Wolfsburg-Autostadt | ÖPNV Buslinie 201, 202 Haltestelle Wolfsburg Autostadt | Tipp Es wirkt zwar komisch, aber das Globenfeld ist eine beliebte Sitzgelegenheit für Besucher und Spielfläche für Kinder. Entsprechend liegen hier auch meistens Sitzkissen oder Matratzen bereit, um direkt über den Weltkugeln Platz zu nehmen. Apropos Sitzgelegenheit: Vor dem Eingang in die Piazza gibt es eine große Freitreppe, Bänke und stylische Holz-Liegestühle. An der Treppe legen auch Ausflugsschiffe ab, mit denen man eine Kanaltour machen kann.

35 Die Golfskulptur

Wolfsburgs Koloss von Rhodos

Seefahrer, die vor Jahrtausenden die griechische Insel Rhodos ansteuerten, erblickten ihn schon weit vor der Hafeneinfahrt. Der Koloss von Rhodos, eins der sieben Weltwunder, markierte den Eingang zur Insel. Nun, Wolfsburg hat fast so etwas Ähnliches. Eine Skulptur, die einen bei der Einfahrt in die Stadt über die Braunschweiger Straße begrüßt. Nur ist es hier natürlich kein Koloss oder eine antike Figur, sondern ein Auto. Okay, wird der ein oder andere jetzt sagen: Was auch sonst in Wolfsburg? Touché. Genauer gesagt handelt es sich um einen Golf, industrielles Symbol für das, wofür Wolfsburg bekanntermaßen steht. Passender könnte also die Ortseinfahrt zugegebenermaßen kaum sein.

Acht Tonnen wiegt der »Wolfsburger Koloss« in der Farbe »Tungsten Silver« am Rabenberg. Er thront auf einem Hügel aus Kies und Rollrasen – und zwar schräg. Eine etwas gewöhnungsbedürftige Pose für ein Auto, wenn man nicht unbedingt Fan der Fernsehserie »Knight Rider« gewesen ist. Auch hier legte sich der Wagen, der auf den Namen K.I.T.T. hörte, bei seinen Abenteuern für die TV-Generation der 80er Jahre ja gern mal mit dem »Ski Mode« hochkant. Darum geht es in Wolfsburg natürlich nicht, aber durch die ungewöhnliche Position fällt die Skulptur noch mehr auf.

Volkswagen hat den Riesen-Golf der Stadt Wolfsburg zum 75. Geburtstag geschenkt – im Maßstab 2,3:1. Er ist aus Neopor, also einem Kunststoff gefertigt und misst fast zehn Meter Länge, ist über vier Meter breit und über drei Meter hoch. Ein echter Bildfüller und das perfekte Wolfsburger Fotomotiv also. Kurz vor der Aufstellung der Skulptur kam es an der Strecke auch immer wieder zu kleinen Staus, denn die passierenden Autofahrer wollten einen Blick erhaschen.

In der ersten Version war der Riese unter den Golfs übrigens noch weiß. Doch das Modell wurde gegen ein umweltbeständigeres ausgetauscht.

Adresse 38440 Wolfsburg-Rabenberg, Geodaten 52°24'32.8"N 10°46'49.3"E | **ÖPNV** Buslinie 202–204, Haltestelle Rabenberg Burgwall | **Anfahrt** Direkt an der Skulptur gibt es keine Parkmöglichkeit für einen kurzen Stopp. Es wird empfohlen, die Gegebenheiten an Burgwall oder Rothehof zu nutzen und ein paar Meter zu Fuß zu gehen. | **Tipp** Die Golfskulptur ist nicht die einzige im Stadtgebiet mit Automobilhintergrund. Am Robert-Koch-Platz findet man mit dem Brezelfenster-Denkmal eine Hommage an den Käfer.

36 Das Großsteingrab

Grüße aus der Steinzeit

Für viele ist es mega-spannend zu erfahren, wie unsere Vorfahren mal gelebt haben und welche Sitten und Gebräuche zu jener Zeit geherrscht haben – gerade in Epochen, aus denen es kaum Aufzeichnungen gibt. Etwa aus der Steinzeit. Da hört das Wissen ja häufig hinter dem bekannten Dreisatz Höhle-Knochen-Mammut auf. Einen besonderen Ort rund um die spannende Epoche Steinzeit hat auch Wolfsburg zu bieten.

Das Großsteingrab in Nordsteimke wurde 1969 vom Archäologen Franz Niquet ausgegraben. Es stammt aus der Jungsteinzeit und ist eine Grabanlage der damaligen Trichterbecherkultur. Noch nie gehört? Nicht schlimm. Es ist ja auch schön, wenn man hier durch das Buch noch etwas dazulernen kann. In Nordsteimke kann man sich das Großsteingrab ansehen. Inzwischen steht es wieder am Ortsrand des Wolfsburger Ortsteils, nachdem es 1975 rekonstruiert am Schulzentrum von Nordsteimke aufgebaut worden war. Doch nach einer Erweiterung des Geländes musste das Grab erneut weichen. Gut, den ehemaligen Insassen wird es wahrscheinlich nicht gestört haben, schließlich war das Grab offenbar Jahrtausende nicht mehr in Benutzung.

Nordsteimke, oder ursprünglich nur Steinbeke, hat eine bewegte Geschichte hinter sich, durch Plünderungen im Dreißigjährigen Krieg wäre der Ort beinahe ausgelöscht worden – und das Grab wäre vielleicht nie gefunden worden.

Wer sich für Erdgeschichte interessiert, für den ist das Gebilde aus einem riesigen »Dachstein« und mehreren kleineren Trägersteinen allemal einen Besuch wert und ermöglicht in Wolfsburg einen ganz neuen und direkten Zugang zu der Thematik.

Übrigens: Dass das Großsteingrab überhaupt noch einmal das Licht der Welt erblickte, ist tatsächlich einem Zufall zu verdanken. 1968 war nämlich ein Landwirt in der Nähe von Nordsteimke auf seinem Acker unterwegs. Beim Pflügen kam dann das Überbleibsel aus der Steinzeit zum Vorschein …

Adresse 38446 Wolfsburg-Nordsteimke, nächste Straße Wassertappen, Durchgang zwischen den Häusern Nummer 47 und 49, Geodaten 52°23'37.6"N 10°50'27.2"E | ÖPNV Buslinie 215, 216 Haltestelle Nordsteimke Hohe Eichen | Tipp Am Großsteingrab informiert eine Tafel über die außergewöhnliche Geschichte der Stätte. Dort ist auch zu sehen, wie das Grab ursprünglich mal erbaut wurde. Und das war echte Knochenarbeit …

37 Die Grünen Bänke

Sitzen wie Gulliver

Wer den kleinen asphaltierten Weg vom Klieversberg in die Stadt hinunterläuft, der glaubt wahrscheinlich im ersten Moment, einen Knick in der Optik zu haben. Irgendwas stimmt doch hier nicht. Also im Größenverhältnis. Zumindest, wenn man als Normalsterblicher auf die beiden Objekte am Wegesrand blickt. Auf dem Rasen links und rechts stehen zwei Bänke – natürlich in Grün, einer der beiden Stadtfarben von Wolfsburg (die andere ist bekanntlich Weiß). Doch wer hier Platz nehmen möchte, fühlt sich wahrscheinlich wie Gulliver auf seiner Reise ins Land der Riesen im gleichnamigen Meisterwerk und weltberühmten Roman von Jonathan Swift.

So ein klein wenig kommt dasselbe Feeling auch in Wolfsburg auf, denn als Mensch wirkt man hier auf den beiden Bänken tatsächlich wie ein Zwerg. Die Beine baumeln lässig in der Luft, die Sitzfläche bietet fast einer Fußballmannschaft Platz, und überhaupt wirkt alles eine Nummer zu groß. Doch genau das macht den Reiz dieses besonderen Ortes aus. Er ist ein echter Blickfang, ein Platz zum Chillen, wie die jüngere Generation gern betont, oder für ein besonderes Erinnerungsfoto aller Altersgruppen.

Die überdimensionalen Sitzgelegenheiten hat – passend zur Farbe – der »Geschäftsbereich Grün« der Stadt dort aufgestellt. Vier Meter lang, anderthalb Meter hoch und tief, die Sitzfläche auf einem Meter Höhe angebracht. Zum Vergleich: Ein handelsüblicher Stuhl hat die Sitzfläche auf nicht mal 50 Zentimetern. Es ist also tatsächlich ein massiver Unterschied zu verzeichnen, was das Platznehmen angeht. Und das propagiert auch die Stadt: So wird den Besuchern offiziell ein »großflächiger und außergewöhnlicher Platz zum Verweilen« angepriesen. Leider sind die grünen Bänke in der Zwischenzeit optisch weniger schön mit Graffiti verziert worden – aber auch darauf kann man ja bekanntlich sitzen, solange es nicht frisch ist.

Adresse am Klieversberg, 38440 Wolfsburg-Klieversberg, Geodaten 52°24'57.0"N 10°46'56.9"E | **ÖPNV** Buslinie 202, 203, Haltestelle Wolfsburg Theater | **Tipp** Beide Bänke sind so platziert, dass sie in einer optischen Flucht stehen und im Hintergrund das Wolfsburger Theater als Kulisse bieten. Wer mit dem Auto anreist, sollte auf den kostenfreien Parkplätzen des Theaters parken. Anschließend sind es etwa zwei Minuten zu Fuß zu den Bänken.

38_Der Hangar vom Aero-Club

Über und unter den Wolken

Mitten in Wolfsburg mit einem Flugzeug unterwegs sein, das ist ein Ding der Unmöglichkeit. Der Platz ist schlichtweg nicht da, die Überflugregeln im Bereich des Volkswagenwerkes sind streng. Trotzdem bleibt auch in Wolfsburg der Traum vom Fliegen nicht unerfüllt, dank des Aero-Club Wolfsburg. Der hat zwar seinen Sitz in der Stadt, doch für das Flugvergnügen müssen die Hobbyflieger ins Umland ausweichen. Und diesen besonderen Ort sollte man sich in der Region Wolfsburg nicht entgehen lassen.

Das Gelände liegt in der Ortschaft Stüde, etwas außerhalb der Stadt. Das dortige Segelflug-Zentrum und vor allem der Hangar mit zahlreichen aktuellen und auch älteren Flieger-Modellen ist absolut sehenswert. Highlight ist aber das Abheben selbst auf der riesigen Start- und Landebahn mitten auf einem Feld, umgeben von Wald und Wiesen. Das geht aber nicht einfach so, es ist eine Crew erfahrener Segelfliegerinnen und Segelflieger vom Aero-Club erforderlich, die sich meistens über die verschiedenen Start- und Landevorgänge per Funk gegenseitig unterrichtet. Das sind streng geregelte Vorgänge zur Sicherheit aller Beteiligten, auch wenn das Gelände sehr weitläufig ist und hier keine Flugfrequenz wie in Frankfurt/Main herrscht. Wer sich aber in Stüde mit der Seilwinde auf über 100 Stundenkilometer beschleunigen lässt und dann in die Lüfte gleitet, fühlt sich frei und kehrt mit unvergesslichen Eindrücken von Wolfsburg wieder, frei nach Reinhard Mey: über und unter den Wolken. Auch kleine Motorflieger können auf dem großen Gelände problemlos starten und landen, falls jemand in Wolfsburg mit dem Klein-Flugzeug anreisen möchte.

Den Aero-Club Wolfsburg gibt es bereits seit 1952 (damals noch gegründet unter dem Namen Luftsportgemeinschaft). Der erste Segelflieger wurde auf den Namen »Stadt Wolfsburg« getauft. Er bestand übrigens aus Holz und Bespanntuch.

Adresse Aero-Club Wolfsburg, Knesebecker Weg 100, 38524 Stüde | ÖPNV Buslinie 164, 172, Haltestelle Stüde Bersteinsee | Tipp Gäste mit ihren Familien und Freunden sind stets willkommen und können mit einem erfahrenen Piloten auch einen Gastflug unternehmen. Für Anfragen und Infos über den Flugbetrieb: Tel. 05379/450.

39 Die Hattorfer Teiche

Wolfsburger Seenplatte

Der Stadtteil Detmerode ist eine Sackgasse. Wer dort mit dem Auto hineinfährt, muss irgendwann wieder wenden und die gleiche Strecke zurück. Ungewöhnlich für einen Stadtteil, der zudem noch zu den am dichtesten besiedelten in Wolfsburg zählt. Fährt man bis zum Detmeroder Ende, steht man im wahrsten Sinn des Wortes im Wald – und das ist keine Umschreibung für »null Ahnung, wie es weitergeht«, nein, man steht wirklich fast im Grünen, bereit für eine weitere schöne Naturerfahrung in Wolfsburg.

Im Schatten der hiesigen Hochhäuser gelangt man zu einem Ort, den wohl die wenigsten hier im Unterholz erwarten: den Hattorfer Teichen. Geografisch deutlich dichter an Detmerode als am Dorf Hattorf gelegen, sind die Gewässer Steffens-, Kahlens- und Niemannsteich ein kleines Naturparadies, nur wenige Minuten von einer befahrenen Landstraße, einem großen Wohnviertel und einem Industriegebiet entfernt.

Dort im Heinenkamp donnern mitunter die Lkw der Autozulieferer vorbei, oder die Wolfsburger fahren zur Stippvisite in Bau-, Elektro- und Supermarkt. Davon bekommt man an den Hattorfer Teichen wenig bis nichts mit. Das Schöne: Fast immer ist Platz auf den Bänken an den Ufern.

Es ist ein stiller Zauber, der über dem Ort liegt. Das Flair der Hattorfer Teiche lebt auch davon, dass sie eben nicht überlaufen sind. Wer den Hauch von Einsamkeit sucht, hier ist er oder sie meistens richtig – idyllischer Blick auf Hunderte Seerosen und Brombeersträucher inklusive. Eigentlich könnte man meinen, hier auf ein paar schöne Badeteiche gestoßen zu sein, tatsächlich waren sie aber zur Fischzucht gedacht. Traurige Geschichte am Rande: Der Niemannsteich wurde nach einem jungen Hattorfer benannt, der dort 1613 ertrank, als er seinen Fischteich durchqueren wollte.

Ursprünglich waren es sogar mal fünf stille Wasser an dieser Stelle, also eine Art kleine Wolfsburger Seenplatte.

Adresse 38444 Wolfsburg-Detmerode und Hattorf, Geodaten 52°22'54.4"N 10°45'12.4"E | **ÖPNV** Buslinie 201–204, Haltestelle Bonhoefferstraße | **Anfahrt** mit dem Auto am besten über den Waldparkplatz Mörse an der L294 erreichbar | **Tipp** Direkt an den Hattorfer Teichen befindet sich der Schälchenstein-Brunnen. Er ist einem Opferstein aus der Bronzezeit nachempfunden, an dem Anhänger eines Sonnen- oder Totenkults ihre Rituale vollzogen.

40 Der Hehlinger Roland

Denkmal mit Kriminalfall

Wolfsburg ist eine junge Stadt und entsprechend nicht für historische Denkmäler von anno dazumal bekannt. Anders sieht es mit den Ortsteilen und deren langjähriger Geschichte aus. Und da liest sich das ein oder andere Kapitel durchaus spannend. So wie dieser Entführungsfall in Hehlingen im Jahr 1419:

Die Hehlinger hatten im Ort einen reitenden Roland aufgestellt, also das Abbild eines Ritters als Symbol städtischer Freiheit. Meistens wurden solche Standbilder aus Sandstein gefertigt, sie gehörten in Mitteleuropa vor langer Zeit tatsächlich zur »Standard-Städte-Ausrüstung«. Aber auch in den Vereinigten Staaten und sogar in Brasilien gibt es Nachbildungen vom Roland. Doch das Standbild in Hehlingen gefiel den entfernten »Nachbarn« aus Haldensleben offenbar so gut, dass sie den Roland der Legende nach kurzerhand kidnappten. Gut, wenn man nichts eigenes Schönes im Ort stehen hat, dann muss man halt von woanders für Abhilfe sorgen. Zumindest dachte man wahrscheinlich in Haldensleben damals so.

2012, zur 900-Jahr-Feier Hehlingens, wird vom dortigen, nach dem Ritter benannten Heimatverein ein neuer reitender Roland aufgestellt. Ein Denkmal aus Bronze, gefertigt vom Künstler Georg Arfmann, der auch an der weltberühmten Walhalla in Donaustauf mitwirkte. Auf den neuen Roland sind die Hehlinger entsprechend besonders stolz, und er gehört definitiv zu den Orten, an denen man in Wolfsburg mal gewesen sein sollte.

Roland hat seinen Platz in der Nähe der St.-Pankratius-Kirche. Ein Standort mit echter Tradition. Das Reiterstandbild ist nicht nur hübsch anzuschauen, sondern dient den Bürgern in Hehlingen auch immer mal wieder zur Verbreitung gesellschaftlicher Botschaften: So bekam Roland während der Corona-Krise einen Mund-Nasen-Schutz aufgezogen und während einer Hitzeperiode sogar einen Ventilator auf den Sattel gelegt.

Adresse Katthagen 7, 38446 Wolfsburg-Hehlingen | ÖPNV Buslinie 216, Haltestelle Hehlingen Vorfelder Straße | Tipp Der Ortskern von Hehlingen bietet außerdem noch einige sehenswerte alte Bauwerke, darunter das Pfarrhaus in der Nähe des Roland, welches auch ein Wolfsburger Kulturdenkmal ist.

41 Der Helmes-Pfad

Wolfsburgs berühmteste Joggingstrecke

Der ehemalige deutsche Fußball-Nationalspieler und Ex-Profi des VfL Wolfsburg Patrick Helmes wird der örtlichen Schönheit damals wenig abgewonnen haben: Sein Trainer Felix Magath hatte ihn aufgrund von konditionellen Defiziten dazu verdonnert, Laufübungen zu absolvieren. Helmes sollte, statt auf dem Platz zu trainieren, lieber am schier endlosen Mittellandkanal seinen Trainingsrückstand beheben. Und das bedeutete in der Philosophie von Magath: rennen und laufen, bis die Schwarte kracht oder zumindest die Muskeln des betroffenen Profis so richtig schön brannten. Der Wolfsburger Übungsleiter kannte da in den meisten Fällen kein Erbarmen, was ihm bekanntermaßen auch über Wolfsburgs Grenzen hinaus bereits den Spitznamen »Quälix« eingebracht hatte.

Was weder Trainer noch Spieler zu diesem Zeitpunkt ahnten: Mit dieser Maßnahme schufen sie einen bundesweit beachteten Ort in der Volkswagen-Stadt: Wolfsburgs berühmteste Joggingstrecke. Denn Patrick war am Kanal auf dem »Helmes-Pfad« entlang der Wasserstraße künftig Dauergast. Natürlich alles andere als gewollt, und man kann sich auch Helmes' Gesichtsausdruck nach der Order durch seinen Chef lebhaft vorstellen. Dabei hat die Joggingstrecke am Trainingsgelände und später mitten durch das schöne Naturschutzgebiet Wendschotter und Vorsfelder Drömlings allerhand Idyllisches und Sehenswertes zu bieten. So richtig wusste Patrick Helmes das aber nicht zu schätzen und hätte wohl lieber gegen den Ball getreten.

Letztlich gelten die Extra-Laufeinheiten am Mittellandkanal in Wolfsburg seitdem als Inbegriff der Bestrafung unwilliger und unfitter Fußballspieler. Doch den Weg aus Schotter und Asphalt, den Helmes entlang des Mittellandkanals absolvieren musste, hat die Geschichte in Wolfsburg berühmt gemacht. Und der Kondition des in Ungnade gefallenen Fußballprofis dürfte es mit Sicherheit auch nicht geschadet haben.

Adresse am Mittellandkanal, In den Allerwiesen 8, 38446 Wolfsburg-Autostadt | **ÖPNV** Buslinie 211, 213, Haltestelle Wolfsburg Autostadt | **Tipp** Wem die Joggingstrecke am Kanal nicht ausreicht: In unmittelbarer Nähe zum Kanal kann auch eine Runde um den Allersee gedreht werden. Dort gibt es auch einen Campingplatz.

42__Herbie

Der berühmteste Käfer im Automuseum

Die Geschichte Wolfsburgs wäre garantiert anders verlaufen ohne ihn: den Käfer. Das »beliebteste Auto aller Zeiten« – so selbstbewusst können wir in Wolfsburg schon sein – hat die Stadt geprägt. Entsprechend gehört einer seiner berühmtesten Vertreter natürlich zu den Orten, an denen man in Wolfsburg mal gewesen sein sollte. Und mit dem berühmtesten Vertreter ist ein waschechter Hollywood-Star gemeint: Herbie. Im Disney-Klassiker »Ein toller Käfer« turboschnell und mit der berühmten schwarz-weißen Nummer 53 unterwegs, berührte er die Herzen der Menschen. Und zeigte, dass ein Auto für viele mehr ist als ein fahrbarer Untersatz mit vier Rädern. Darum geht es ja in Wolfsburg von jeher: die emotionale Verbindung zwischen Mensch und Automobil.

Ein Großteil des städtischen Selbstbewusstseins und des Selbstverständnisses in der Autostadt leiten sich von dieser Verbindung und der Produktion weltweit anerkannter Automobile ab. Weltweit anerkannt wie der kleine Käfer aus dem Kino-Erfolg. Entsprechend sollte man Herbie in Wolfsburg einen Anstandsbesuch abstatten. Er steht neben vielen anderen Modellen der Marke im Automuseum der Stadt, das kurioserweise etwas versteckt liegt. Kleines Geheimnis: Für die Filmproduktion von »Herbie« war natürlich nicht nur ein Käfer im Einsatz, sondern einige mehr. Dem kleinen Renner wurde ja auch schließlich einiges abverlangt. Da kommt man beim Dreh nicht mit einem Käfer aus. In Wolfsburg steht ein Modell, das für die Promotion des Disney-Films in Europa eingesetzt wurde. Die 53 ist übrigens nicht zufällig als Startnummer gewählt, sondern geht zurück auf die von Formel-1-Legende Graf Berghe von Trips.

Der Herbie von 1969 steht übrigens an diesem Ort genau so, wie er immer war und wurde nicht nachträglich aufgebaut. Und er zaubert jedem, der ihn besucht, auch nach all den Jahren ein kindliches Lächeln auf das Gesicht.

Adresse Dieselstraße 35, 38446 Wolfsburg-Hesslingen | **ÖPNV** Buslinie 212, Haltestelle Wolfsburg AutoMuseum | **Öffnungszeiten** Di–So 10–17 Uhr | **Tipp** Das Museum befindet sich mitten in einem Industriegebiet und ist nutztechnisch entsprechend geprägt. Allerdings befindet sich nördlich in kurzer Entfernung der Mittellandkanal, dessen Ufer sich für einen Spaziergang anbietet.

43 Die Hinterbühne

Wo Wolfsburgs Theater den Dreh raus hat

Das Wolfsburger Theater gehört zu den imposantesten und bekanntesten Gebäuden in der Stadt. Erbaut von Hans Scharoun, ist es eines der Schmuckstücke in Wolfsburg und natürlich über die Stadtgrenzen hinaus bekannt. Bereits 1973 wurde es feierlich eröffnet, es gehört zu den größten deutschen Bespieltheatern, also den Häusern ohne festes Ensemble. So weit, so bekannt. Doch im Theater selbst gibt es einen Ort, den sogar die meisten Wolfsburger noch nicht besucht haben dürften: die Hinterbühne.

Fast jeder in der Stadt kennt den großen Saal mit seinen beinahe 1.000 Plätzen und auch das riesige Foyer – als gebürtiger Wolfsburger war man zumindest zu den klassischen Weihnachtsmärchen-Aufführungen mit seiner Schulklasse dort. Die Hinterbühne mit ihren 200 Plätzen ist da schon eher etwas für Insider: kleinere Aufführungen und Musikproduktionen, intimere Atmosphäre und das Gefühl vom Blick hinter die Kulissen. Alles etwas kleiner und zumindest gefühlt exklusiver.

Aber Wolfsburg wäre nicht Wolfsburg, wenn sich nicht auch hier im Tempel der heimischen Kunst zumindest etwas um das Automobil drehen würde. Und »drehen« ist dabei wörtlich gemeint. Denn im Bereich der Hinterbühne gibt es eine Drehscheibe mit zwölf Meter Durchmesser. Drei Mal darf geraten werden, wofür diese Drehscheibe einmal ursprünglich vorgesehen war. Richtig, für die Präsentation von Volkswagen-Modellen, die man hier mitunter das erste Mal der Öffentlichkeit in einem mondänen Rahmen zeigen wollte.

Solch eine Nutzung ist in dieser Stadt durchaus nicht ungewöhnlich. Denn das Wolfsburger Theater samt Hinterbühne zeichnet sich nicht nur durch gehobenes Schauspiel aus, sondern auch durch Veranstaltungen aller Art: Für die Premiere eines Kinofilms zum 20-jährigen Bundesliga-Jubiläum des VfL Wolfsburg verwandelte sich das Theater sogar in ein Fußballstadion.

Adresse Klieverhagen 50, 38440 Wolfsburg-Klieversberg | **ÖPNV** Buslinie 202, 203, Haltestelle Wolfsburg Theater | **Tipp** Die Parkplätze am Theater sind kostenlos und damit einer der wenigen Orte in der Innenstadt, wo man noch umsonst sein Auto abstellen kann, auch während der vorstellungsfreien Zeit. Da die Innenstadt vom Theater sehr gut zu Fuß aus erreichbar ist, lohnt sich hier »Park & Walk«.

44 Der Hochbehälter

Ausblick am Wassertank

45 Millionen Liter Wasser finden hier Platz. Doch davon sieht man auf den ersten Blick wenig. Was man sieht, ist ein phänomenaler Ausblick über Wolfsburg von einem ganz besonderen Ort im Südosten der Stadt. Wer im Ortsteil Nordsteimke seitlich abbiegt, wird schnell auf die Erhebung aufmerksam, die sich dort in die Landschaft geschmuggelt hat.

Die Rede ist vom sogenannten Hochbehälter auf dem Windmühlenberg, zugegeben ein wenig ansprechender Name. Gemeint ist damit ein Wasserspeicher, der das Wasser per Schwerkraft in das Versorgungssystem einspeist. Gern nutzt man für die Hochbehälter Hänge oder kleine Berge (häufig passiert das Ganze auch unterirdisch). Und davon profitiert der Besucher in Nordsteimke, denn ohne Hochbehälter-Hügel gäbe es in dem Fall keine Aussicht. Glück gehabt!

Wer aber den Weg zu diesem von Büschen und Bäumen verborgenen Wasserreservoir findet, schaut nicht nur über Wiesen und Felder, sondern erhält einen ganz besonderen Blick über die Stadt Wolfsburg, aus einer neuen Perspektive, die sich einprägen wird. 126 Meter über dem Meeresspiegel sind dabei die Basis für den schönen Ausblick. Der Hochbehälter wurde 1943 erbaut und ist bis heute sozusagen der Notgroschen in Sachen Trinkwasser der Stadt Wolfsburg – und das ist ja gerade in regenarmen Zeiten gar nicht mal schlecht. Mit ihm wird der Wasserbedarf der Wolfsburger abgesichert.

Übrigens: Auch hier kommt das wertvolle Nass aus dem Harz angerauscht, wie es meistens in dieser Stadt der Fall ist.

Der Hügel wird von den Wolfsburgern auch immer wieder gerne als Ausgangspunkt für Fotos genommen, die in den sozialen Netzwerken gepostet werden. Dabei kam durchaus der ein oder andere richtig schöne Schnappschuss heraus. Kein Wunder, liegen einem das Hasselbachtal oder das Aller-Urstromtal doch hier bei Nordsteimke im wahrsten Sinn des Wortes zu Füßen.

Adresse 38446 Wolfsburg-Nordsteimke, Geodaten 52°23'44.3"N 10°49'25.9"E | **ÖPNV** Buslinie 215, 216, Haltestelle Kalkbergweg | **Tipp** Am Hochbehälter gibt es auch einen kleinen Rastplatz mit Holzbänken und -tischen. Einen Picknickkorb mitzunehmen lohnt sich also. In den Äckern rund um den Hochbehälter werden auch immer wieder Fossilien etwa aus der Jura-Zeit gefunden.

45_Die Hochzeitstreppe

Am Wolfsburger Schloss ins Eheglück

Für die Romantiker unter den Lesern ist ein Besuch dieser Location in Wolfsburg absolute Pflicht. Das Schloss Wolfsburg steht natürlich in jedem Reiseführer. Trotzdem gibt es hier spezielle Orte, die nicht so offensichtlich sind, beziehungsweise die man nur entdeckt, wenn man das Ganze einmal aus einer anderen Perspektive betrachtet.

Klar liegt es auf der Hand, sich einem Schloss erst mal durch die große Toreinfahrt und das »Burgtor« zu nähern, aber in diesem Fall gibt es auch ein schönes Eckchen, wenn man um den viereckigen weißen Bau herumgeht. Dann werden Orte entdeckt, die nicht mit dem ersten Blick zu sehen sind.

Dazu gehört auch die große Freitreppe an der Ostseite. Sie ist eine der beliebtesten Kulissen für Hochzeiten in Wolfsburg und bietet den Brautpaaren, die aus der vom Standesamt genutzten Gerichtslaube der alten Wasserburg kommen, einen märchenhaften Start ins Eheglück. Zumindest gibt es optisch schlechtere Startbedingungen. Wer sich hier nicht als Prinz oder Prinzessin fühlt, dem ist in Sachen Romantik wahrscheinlich nicht mehr zu helfen. Die Türen öffnen sich, und die Hochzeitsgesellschaft wartet am Fuß der Freitreppe bereits im Schlossgarten mit Glückwünschen auf Bilder mit dem Brautpaar. Gleichzeitig kann man sich nach der Zeremonie die Füße vertreten. Aber auch ohne Heirat ist die Hochzeitstreppe ein beliebtes Gruppenfotomotiv.

Von hier kann man die schönen Gartenanlagen des Schlosses samt Bogenbrücke (verziert mit vielen Vorhängeschlössern als Zeichen der Liebe) und Rosengarten durchschlendern, gern wird dieser Ort auch von Paaren für das erste Spaziergang-Date genutzt. Und wer weiß: Vielleicht sieht man eines dieser Paare irgendwann auch mal in Brautkleid und Anzug tatsächlich die große Hochzeitstreppe am Schloss herunterkommen. Mit einem strahlenden Blick, wie man ihn in Wolfsburg wohl an kaum einer anderen Stelle erlebt.

Adresse Schloßstraße 8, 38448 Wolfsburg-Alt Wolfsburg | **ÖPNV** Buslinie 201, 202, 264, 265, Haltestelle Wolfsburg Allerpark | **Tipp** Wer tatsächlich darüber nachdenkt, die Hochzeitstreppe für die eigene Heirat zu nutzen, sollte wissen: Umsonst ist das Vergnügen nicht. Wer sich für das Thema Heiraten in Wolfsburg interessiert: Es gibt einige weitere außergewöhnliche Hochzeitslocations. Zum Beispiel kann auch im Planetarium der Stadt unter künstlichem Sternenhimmel geheiratet werden.

46 Die Hohensteine

Von Riesen und Gotteslästerern

Wenn ein Stadtteil nach mehreren im Wald liegenden Sandsteingebilden benannt wird, dann scheint hier etwas Interessantes passiert zu sein. So verhält es sich zumindest mit dem Wolfsburger Stadtteil Hohenstein. Während und nach dem Zweiten Weltkrieg war der Ort eher bekannt durch seine Barackenlager. Doch Namensgeber sind hier – Überraschung – die besagten Hohensteine, die man an einem besonderen Ort auf einem Parkgelände vorfindet.

Auf den ersten Blick sieht die Formation etwas beliebig und unscheinbar aus, doch um das Gebiet ranken sich einige mystische Geschichten und Legenden, die sich hier vor längst vergangenen Zeiten zugetragen haben sollen. Und das verleiht diesem Ort dann doch wieder eine außergewöhnliche Aura. Jetzt kann natürlich jeder von diesen Mythen denken und glauben, was er gern möchte. Aber so ein bisschen mysteriöses Lokalkolorit schadet in Wolfsburg ja auch nicht.

Wir nähern uns trotzdem erst mal von der seriösen Seite: Rein wissenschaftlich handelt es sich bei den Steinen wohl um Polyplocusschichten aus dem mittleren Jura-Zeitalter. Das heißt, hier dürfte auch der ein oder andere Dino vorbeigewandert sein, war es doch für die Urzeitriesen die erste Blütezeit auf diesem Planeten. Doch die Vorzeitechsen haben wenig mit den Geschichten zu tun, die sich von der Entstehung der Hohensteine erzählt werden. Und die lassen tatsächlich einiges offen für die eigene Phantasie. Eine Saga berichtet, dass hier ein Riese die Steine verloren haben soll – natürlich vor längst vergangenen Zeiten, als es noch Riesen gegeben hat. Oder doch nicht?!

Einer weiteren Legende nach hat sich hier einst eine Hochzeitsgesellschaft gotteslästerlich aufgeführt und wurde dafür zur Strafe in Stein verwandelt. Das macht man ja auch nicht. Jedenfalls: Alles interessante Storys – passend zu einem Ort wie den Hohensteinen in Hohenstein.

Adresse Laagbergstraße 32, 38440 Wolfsburg-Hohenstein | **ÖPNV** Buslinie 201–204, Haltestelle Wolfsburg Kreuzkirche | **Tipp** Mitten im Stadtgebiet befindet sich hier auch ein Geopfad, der an den Hohensteinen vorbeiführt. Nebenan sind ein Kinderspiel- und Bolzplatz nutzbar.

47 Das HolzBankTheater

Reislingens einmaliges Repertoire

In der Location des ehemaligen Alten Dorfkrugs im Ortsteil Reislingen vermutet man nicht unbedingt einen Kultur-Hotspot. Doch bereits seit September 2009 existiert hier mit dem HolzBankTheater Wolfsburg ein wirklich einmaliger Ort für die Volkswagen-Stadt. Und der wird – auch wenn der Zuspruch nicht immer gewaltig ist – in der Regel von vielerlei Seite gefördert und verdient es, entsprechende Aufmerksamkeit zu bekommen.

Das Repertoire-Theater in Reislingen bietet mit einem eigenen Ensemble regelmäßig ein anspruchsvolles Programm und verfügt sogar über eine eigene Schauspielschule. Im Fokus steht dabei künstlerische Qualität, da ist es kein Wunder, dass regelmäßig Werke von Shakespeare, Goethe oder Tschechow gegeben werden. Also durchaus anspruchsvolle Kost, die hier in der alten Gaststätte des Ortes verabreicht wird.

Ozana und Christian Costin von der Costin Theater Compagnie haben mehr als 50 Premieren inszeniert und das Programm des HolzBankTheaters sukzessive ausgeweitet – ein Engagement, das inzwischen wie bereits erwähnt von der Stadt Wolfsburg kulturell und institutionell gefördert wird. Und das ist auch wichtig! In der Regel öffnet das Kunsttheater mittwochs und samstags seine Pforten für die Besucher, aber es stehen auch Vorstellungen für Kinder auf dem Programm. Hinzu kommen der Einsatz für Sozialprojekte in der Region und das Angebot an Schauspielkursen.

Eins sucht der Besucher im HolzBankTheater allerdings vergebens: den Namensgeber. Die Holzbänke sind schon länger verschwunden, und die Gäste dürfen auf Stühlen Platz nehmen. Wobei in Sachen Bequemlichkeit der Wechsel mit Sicherheit keine Verschlechterung sein dürfte. Auch die Technik ist auf dem neuesten Stand, sodass sich die Besucher dieses Ortes in Rieslingen auf einen besonderen Abend freuen dürfen, der bestimmt in angenehmer Erinnerung bleibt.

Adresse Hauptstraße 41, 38446 Wolfsburg-Reislingen | **ÖPNV** Buslinien 203, 204, Haltestelle Zum Wiesengarten | **Öffnungszeiten** Programm unter www.holzbanktheater.wordpress.com | **Tipp** Wer mit dem Nahverkehr anreist, bekommt auf seine vorgezeigte Fahrkarte Rabatt auf den Eintrittspreis.

48 Das Hotel von CR7

Wo sich Real Madrid auf die Niederlage vorbereitete

Wer auf dem kleinen Platz in der Häuserschlucht zwischen zwei Hotels und Wolfsburgs größtem Kino-Komplex gegenüber dem Hauptbahnhof steht, glaubt kaum, dass sich hier Hunderte Menschen versammeln können. So geschehen aber am 5. April 2016, als der königliche Fußball-Club Real Madrid mit Weltstar Cristiano Ronaldo ausgerechnet hier ins Hotel Innside einchecken wollte.

Da Vereine von Weltruhm nicht jede Woche in Wolfsburg zu Gast sind und dem mit Weltstars gespickten Club natürlich auch über die spanischen Grenzen hinaus ein gewaltiger Ruf vorauseilt, geschah, was geschehen musste: Das Gedränge war riesig, sogar Einrichtungsgegenstände gingen kaputt – genauso wie die Serie von Real einen Tag später gegen den VfL Wolfsburg.

Und das war damals mit Sicherheit eine der dicksten Überraschungen im europäischen Fußball seit Jahren. Denn: Madrid hatte bis dato ewig nicht mehr in der Champions League verloren, jetzt setzte es ausgerechnet gegen Wolfsburg eine 0:2-Niederlage. Ob es daran lag, dass Ronaldo und die Kollegen sich noch zu lange in der beliebten Rooftop-Bar »The View« ganz oben im Innside auf das Spiel vorbereitet hatten oder die eleganten Lifestyle Suiten samt King-Size-Betten zu bequem waren, ist nicht überliefert. Auch nicht, ob der Gyros-Bringdienst von nebenan genutzt wurde. Dort können sich nicht nur Hotelgäste, sondern auch Durchreisende oder am Wolfsburger Hauptbahnhof wartende Passagiere eben mal schmackhaft verköstigen.

Egal, spätestens seit diesem Tag hat sich das Hotel am Wolfsburger Nordkopf einen Platz unter den besonderen Orten der Stadt verdient. Schließlich steigen hier und generell in Wolfsburg nicht immer Prominente vom Schlag eines CR7 ab. Doch auch wenn dieser Besuch für Wolfsburg etwas ganz Besonderes war – Cristiano Ronaldo wird ihn wahrscheinlich schnell wieder aus seinem Gedächtnis gestrichen haben.

Adresse Heinrich-Nordhoff-Straße 2, 38440 Wolfsburg | ÖPNV Buslinie 201 – 204, Haltestelle Hauptbahnhof | Tipp Die Anbindung ist hier durch Bus und Bahn sowie die fußläufig erreichbaren Sehenswürdigkeiten von Wolfsburg ideal. Außerdem gibt es im Hotel einen chilligen Lobbybereich und ein Edel-Restaurant.

49 Der Hüttensteg vom Bernsteinsee

Ab ins Wasser

Gerade im Hochsommer zieht es den Wolfsburger ins Umland. Ein Ausflugsziel ist dabei der Bernsteinsee in der Ortschaft Stüde, wenige Autominuten vor der Stadt. Der bis zu 16 Meter tiefe Badesee mit Strand und Wasserski-Anlage entstand bereits 1971 beim Bau des Elbe-Seitenkanals als Baggerloch. Heute ist er Ferienort und Naherholungsgebiet mit allerlei Attraktionen, Ferienhäusern und interessanten Freizeitmöglichkeiten.

Die Ortsväter von Stüde hatten aber schon Jahre vorher Weitblick bewiesen und hier eine Bademöglichkeit geplant. Der Bau des Kanals kam ihnen dann wie gerufen, um den Plan vom Badesee vor der Haustür auch in die Tat umzusetzen. Wer hier herkommt, sollte vor allem an einem Ort gewesen sein. Dieser ist bereits deutlich beim Betreten des Strands inmitten der schönen Waldlandschaft zu erkennen: der Hüttensteg. Dieser erstreckt sich quasi als lang gezogenes Sprungbrett vom Ufer bis in die Schwimmerzone. Am Ende kann dann jeder einen Hüpfer ins Wasser wagen. Und letztlich geht es bei einem Ausflug ins Naherholungsziel mit integriertem Badesee ja schließlich genau darum: Spaß haben!

Auffällig ist die Konstruktion des Stegs, denn er hat noch eine erste Etage, auf der eine weiße Hütte thront. Dadurch erhält der Bernsteinsee ein echtes optisches Wiedererkennungsmerkmal, das sich zu erklimmen lohnt – auch wenn sich zugegebenermaßen der Weitblick an dieser Stelle des Sees in Grenzen hält. Trotzdem hat man von hier einen sehr schönen Panoramablick, der nicht selbstverständlich ist. Man überblickt das gesamte Areal mit seinem ausgiebigen Freizeitangebot, das erkundet werden möchte. Diesem kann man sich aber auch ruhig erst nach einem Besuch des Hüttenstegs widmen – mit oder ohne vorherigen Kopfsprung ins kühle Nass.

Adresse Seestraße 8, 38524 Sassenburg-Stüde | ÖPNV Buslinie 164, 172, Haltestelle Stüde Bernsteinsee | Tipp Direkt hinter dem Bernsteinsee verläuft der Elbe-Seitenkanal. Hier kann man auf dem Deich die Binnenschiffe beobachten. Um die Ecke ist auch ein Adventure- und Fußballgolf-Resort, wo auch Erwachsene ihren Spieltrieb ausleben können.

50 Die IG Metall-Videowand

Wolfsburgs ungewöhnlichster Fernseher

Die IG Metall ist Deutschlands größte Gewerkschaft mit über zwei Millionen Mitgliedern. Die größte Geschäftsstelle der größten Gewerkschaft ist in: na klar, in der metallverarbeitenden und Automobile produzierenden Stadt Wolfsburg. Die Arbeitnehmervertretung am Hauptsitz von Volkswagen ist traditionell stark, mit Zehntausenden Mitgliedern, die von der Gewerkschaftsarbeit profitieren und gleichzeitig brav ihre Mitgliedsbeiträge dafür bezahlen. Und natürlich ist die Heimat, das Gewerkschaftshaus, auch nicht irgendeine Hundehütte, sondern ein ansehnlicher Bau mit direktem Blick auf das VW-Werk gegenüber. Damit wird die Bedeutung der Gewerkschaft nicht nur geografisch unterstrichen, sie ist auch optisch ein echter Hingucker.

Im öffentlichen Raum hat Wolfsburg nur wenige Videowalls an Häusern zu bieten. Eine davon hängt – natürlich – an der Frontseite des IG Metall-Gewerkschaftshauses, direkt an einer der meistfrequentierten Einfallstraßen in die Stadt. Hier fahren täglich Tausende auf der West-Ost-Stadtachse vorbei. Man gönnt sich ja sonst nichts, dachten sich offenbar die Verantwortlichen zum 65. Gewerkschaftsgeburtstag in Wolfsburg und hängten sich eine LED-Leinwand an die Vorderfront. Einen großen Fernseher möchte ja wahrscheinlich jeder gern haben.

Seitdem flimmern für die Passanten und Autofahrer hier Infos, Filme und Bilder aus gewerkschaftlicher Hand über den Mega-Bildschirm, natürlich weithin sichtbar. Außerdem arbeitete der Hamburger Lichtkünstler Michael Batz ein Licht-Konzept aus, das das Gewerkschaftshaus in ein besonderes Licht setzen sollte. Batz machte das auch schon für den Reichstag in Berlin – das nur mal so am Rande, um die Bedeutung der Gewerkschaft in Wolfsburg einzuordnen.

Die LED-Wand der IG Metall, alles andere als gewöhnlich und ein interessanter Ort in Wolfsburg für eine Stippvisite.

Adresse Siegfried-Ehlers-Straße 2, 38440 Wolfsburg | ÖPNV Buslinie 211, Haltestelle Wolfsburg Schachtweg | Tipp Das Gewerkschaftsgebäude ist hervorragend angebunden, der Bahnhof und einige Hotels sind nur zwei Gehminuten entfernt. Direkt vor der Tür ist das Parkangebot überschaubar, geparkt werden kann auf einem der großen Volkswagen-Parkplätze.

51_Die Käfertränke

Wolfsburgs tierischster Wasserspender

Denkt man an Wolfsburg und den Begriff »Käfer«, dann ist sofort die Assoziation zum automobilen Erfolgsschlager geweckt. Und natürlich ist die Geschichte des »Beetle«, wie er international bekannt wurde, ein unvergessliches Stück Wolfsburg. Einen Besuch bei Herbie haben wir in diesem Buch ja schon gemacht (siehe Ort 42). Doch nicht überall, wo Käfer draufsteht, ist in Wolfsburg tatsächlich auch der schnuckelige Oldtimer gemeint, für dessen aktive Modelle inzwischen ein H im Nummernschild für »historisch« vergeben wird. Die Käfertränke im Wolfsburger Stadtwald ist dennoch ein besonderer Ort, denn tatsächlich ist sie ein Symbol, und zwar ein wichtiges.

Dahinter steckt der Gedanke, dass Wasser den Lebensraum vieler Tiere und Pflanzen darstellt und sich der Mensch daran immer erinnern sollte. Angesichts der menschlichen Handlungsweise auf diesem Planeten kann es solche Erinnerungen nicht oft genug geben, sollte man meinen. Als Teil der Wolfsburger Quellenwanderung ist die Käfertränke ein wunderschöner Ort mitten im Forst. Die aufgeschichteten grauen Steine wirken aus der Entfernung gar nicht so spektakulär, bei näherem Hinsehen wird aber deutlich, dass man hier durchaus künstlerisch am Werke war.

In Stein gemeißelt begrüßen tatsächlich mehrere Käfer den Quellenbesucher. Die überdimensionalen Krabbeltiere sind die steinernen Wächter dieses Ortes, während unter ihnen das Wasser aus dem Fels quillt.

Und wie könnte es in Wolfsburg anders sein? Obwohl die Käfertränke ihren Namen nicht dem Automobil verdankt, ist dieser Ort natürlich trotzdem irgendwie noch mit dem Hauptarbeitgeber der Region verbunden: Das Wasser an dieser Stelle kommt nämlich aus dem Harz und ist für die Volkswagen AG bestimmt. Es ist aber überhaupt nicht schlimm, wenn man sich an der Käfertränke ein bisschen Wasser stibitzt und einen tiefen Schluck nimmt.

Adresse 38446 Wolfsburg-Barnstorf, Geodaten 52°23'09.5"N 10°46'57.1"E | ÖPNV Buslinie 215, 216, Haltestelle Barnstorf Scharenhop | Tipp Auch im Buggy oder Kinderwagen ist die Strecke zur Quelle für Familien mit Kindern problemlos zu bewältigen, es könnte nur manchmal etwas matschig werden. Direkt an der Käfertränke ist ein Unterstand, falls man als Wanderer vom Regen überrascht wird. Ansonsten befindet sich die Käferquelle irgendwo im Nirgendwo mit jeder Menge schönen Waldwanderwegen.

52 Klein-Australien

Der Tierpark Essehof

Da Wolfsburg keinen eigenen größeren Zoo hat, zieht es die Wolfsburger häufig in den Tierpark Essehof. Die Anreise ist kein großer Aufwand, denn der Park liegt auf dem Weg nach Braunschweig, wenn man über Land fährt, und ist von Wolfsburg schnell zu erreichen. Deshalb wird er von den Wolfsburgern als kurzes Ausflugsziel geschätzt. Kurz hinter dem Ortsausgang von Lehre biegt man einfach links ab. Doch allein die Nähe macht Essehof noch nicht zum »Sollte man gewesen sein«-Hotspot.

Es gibt dort einen besonderen Ort: Klein-Australien, oder vielmehr die Australienanlage mit begehbarem Haus, Hängebrücke, Kängurus, Emus und noch einigem mehr. So bekommen Besucher zumindest einen kleinen Eindruck vom Tierleben auf dem fünften Kontinent, das ja bekanntermaßen zu den ungewöhnlichsten und vielfältigsten auf dem gesamten Planeten gehört. 2007 wurde dieser Bereich eröffnet und erfreut seitdem vor allem die kleinen Tierfreunde, die in der Regel gerade so über die Umzäunung schauen können.

Esshof ist in der Region Wolfsburg eine Institution. Fast jeder, der hier aufgewachsen ist, war schon mal in dem 1968 offiziell eröffneten Tierpark. Seitdem hat sich die Anlage etabliert und bietet durch den dichten Baumbewuchs auch zu heißeren Jahreszeiten die Möglichkeit für einen kühlen Rundgang. Zehn Hektar ist das Gelände groß, auf dem sich nicht nur die Tiere Australiens tummeln: von Luchsen über Zebras bis zu Affen und Meerschweinchen hat Essehof eine breite Palette zu bieten. Inzwischen ist der Tierpark auch Partner für den Biologieunterricht einiger Schulen und vermittelt Wissen dort, wo auch die Schüler gern sind.

Das Besondere: Der Park hat an 365 Tagen im Jahr geöffnet, nur im Fall von Unwetter mit Sturm und Glatteis bleibt er aus Sicherheitsgründen geschlossen. Ansonsten lohnt der Ausflug nach Essehof und besonders zur Australienanlage.

Adresse Am Tierpark 3, 38165 Lehre-Essehof | **ÖPNV** Buslinie 427, 380, Haltestelle Essehof im Altdorf | **Öffnungszeiten** täglich März–Okt. 9–19 Uhr, Nov.–Feb. 10 Uhr bis zur Dämmerung | **Tipp** Den Tierpark-Besuch kann man auch mit einem eigenen Barbecue abrunden. Dazu lassen sich in den Tier-Anlagen Grillplätze kostenlos reservieren – die Möglichkeit für eine unvergessliche Grillparty.

53 Das Kolumbarium

Ehmens einmaliger Bestattungs- und Taufplatz

Nicht nur im Ortsteil Ehmen, sondern in der gesamten Region Wolfsburg ist das Kolumbarium ein einzigartiger Platz. Es ist sogar der erste richtige Neubau eines kirchlichen Kolumbariums in Deutschland. Der Name kommt aus dem Lateinischen und bedeutet so viel wie »Taubenschlag«. Ein etwas despektierlicher Begriff, sind doch damit in der Regel Grabkammern gemeint, die übereinander in Nischen eingerichtet werden. In der Regel findet man Kolumbarien in der italienischen Hauptstadt Rom – kein Wunder bei der antiken Geschichte. Fast alle wurden im 1. Jahrhundert nach Christi Geburt angelegt. Es war zur damaligen Zeit eine kostengünstige Art der Totenbestattung, quasi im »Schichtsystem«. Die optische Ähnlichkeit sorgte dann für die erwähnte Bezeichnung Taubenschlag.

Doch mit einer Vogelhütte hat das Kolumbarium in Ehmen grundsätzlich keine Ähnlichkeit. Vielmehr wirkt das Steingebäude erhaben und würdig, der verwendete Thüster Sandstein massiv und ewig. Die kreuzförmige Kapelle beherbergt 128 Urnenfächer und ist in Wolfsburg ein besonderer Ort für kirchliche Trauerfeiern. In der Ringmauer um die Kapelle befinden sich weitere 160 Urnenfächer. Im April 2015 erfolgte der Baubeginn. Eingeweiht wurde das Kolumbarium am 1. Advent desselben Jahres. Das Gebäude hat keinen Dachstuhl, sondern ein Flachdach. Es steht auf dem alten, bis zum 19. Jahrhundert genutzten Ehmer Kirchenfriedhof der Gemeinde St. Ludgeri. Ein Friedhof auf einem Friedhof sozusagen. Schon das macht das Kolumbarium zu einem besonderen Ort in ganz Wolfsburg, auch wenn man mit dieser Art der Bauwerke vergleichsweise spät dran war in Deutschland, wo Kolumbarien seit den 1990er Jahren wieder vermehrt genutzt werden.

Allerdings gibt es in Ehmen noch eine interessante Besonderheit: Dort, wo die Toten geehrt werden, feiert man ebenfalls das Leben. Die Kapelle hat im Inneren auch ein Taufbecken.

Adresse Am Küsterberg 7, 38442 Wolfsburg-Ehmen | **ÖPNV** Buslinie 224, 231, Haltestelle Ehmen Friedhof | **Tipp** Im Inneren der Kapelle erwartet den Besucher außerdem noch etwas Besonderes: der Marienkrönungsaltar. Das Kunstwerk aus dem Jahr 1450 ist ein Altaraufsatz, bestehend aus Mittelschrein und seitlichen Flügeln, gefertigt mit Eichen- und Lindenholz mit christlichen Figuren. Absolut sehenswert.

54 Kramers Kletterkreise

Der Spielplatz am Schillerteich

Schon vom Berliner Ring aus, der vorbeiführenden Hauptverkehrsstraße, wirkt das Gebilde in unmittelbarer Nähe des Schillerteichs futuristisch, bereits aus der Entfernung weckt es optisch das Interesse. Denn so richtig weiß man nicht, was sich da unweit des Ufers auf der grünen Wiese zwischen den Bäumen erhebt.

Von Weitem sieht es aus wie eine Ansammlung von Betonröhren mit Eisenstangen. Doch bei genauerem Hinsehen und natürlich einem Besuch fällt auf: Dies ist einer von Wolfsburgs kultigsten Spielplätzen. Damit haben wahrscheinlich in dem Moment die Wenigsten gerechnet. Entsprechend lohnt es, sich mit diesem Ort näher zu beschäftigen.

Entworfen vom bekannten Wolfsburger Bildhauer Jochen Kramer im Jahr 1979, erhebt sich die Spielstätte 3,90 Meter über dem darunter angelegten Sandkasten. Eine Künstlerplastik zum Herumtoben quasi. Kunst nahbar machen ist ja ein prägnantes Motto in ganz Wolfsburg und eben auch hier am Schillerteich. Bewusst verzichtete der Erschaffer aber hier auf Ecken und Kanten, für die Kinder sollte ja alles ungefährlich oder eben auch rund sein.

Das zahlt sich durch die Reduzierung des Pflaster-Verbrauchs und die verringerte Trost-Rate für geschundene Kinderknie aus. Drei Rutschen, Kletterstangen in unterschiedlicher Höhe, verschiedene Röhren zum Durchkriechen und Verstecken runden das Mini-Spielparadies mit Seeblick ab. Wer durch die Röhren robbt und dann am »Ausguck« herauskommt, den erwartet sogar ein Feeling wie in einem U-Boot – zumindest erhält man einen kleinen Einblick, was das Thema Enge angeht. Als Erwachsener sowieso.

Wer hier herkommt, der wird mit seinen Kindern wahrscheinlich sehr viel Spaß haben. Denn so einen Spielplatz gibt es nicht überall, aber eben doch in Wolfsburg. Und er ist sogar künstlerisch wertvoll. Da bekommt man auch als Begleitperson richtig Lust, das Gebilde zu erklimmen.

Adresse An der Christuskirche 1, 38440 Wolfsburg-Schillerteich | ÖPNV Buslinien 203, 204 und 215, 216, Haltestelle Wolfsburg VW-Bad | Tipp Die Umgebung wird von wilden Gänsen bevölkert. Deren Hinterlassenschaften pflastern auch den Weg zum Spielplatz – also aufpassen, wo man hintritt.

55__Krzysztof Nowaks Grab

Wolfsburgs Nummer 10 der Herzen

Krzysztof Nowak – sein Schicksal hat weit über die Wolfsburger Stadtgrenzen hinaus die Menschen bewegt. Der Fußball-Profi vom VfL Wolfsburg erkrankte im Jahr 2000 unheilbar an ALS und verstarb am 26. Mai 2005 nach langem Kampf. 83 Mal kam er in der Bundesliga zum Einsatz und erzielte dabei zehn Tore für den VfL. Ohne seine Krankheit wären es mit Sicherheit viele Spiele und Tore mehr geworden, und die Karriere wäre anders verlaufen. Die führte Nowak bis in die polnische Nationalmannschaft und zu einem Ruf als anerkannter Spielmacher auf den Plätzen der Bundesliga. Doch dann kam die besagte Krankheit. Bis zuletzt war Nowak im Kreis der Mannschaft dabei, besuchte noch im Rollstuhl die Spiele seines Vereins. Seit seinem Tod gedenken die Fans des VfL bei jedem Heimspiel ihrer »Nummer 10 der Herzen«. Dabei ruft der Stadionsprecher wie bei den aktiven Spielern den Vornamen. Das Stadion beziehungsweise die Kulisse antwortet üblicherweise mit dem Nachnamen – auch wenn der Genannte nicht mehr auf dem Feld stehen kann. Eine Ehrerbietung, die nur Nowak zuteilwird.

Der polnische Nationalspieler ist in seiner Wahlheimat Wolfsburg begraben. Auch seine Familie lebt noch in der Stadt. Jedes Jahr zum Todestag von Nowak legen Fan- und Vereinsvertreter an seinem Grab auf dem Waldfriedhof Blumen und Kränze nieder. Eine Stiftung wurde nach ihm benannt, die ALS-Patienten und -Forschungsprojekte unterstützt. Das Grab auf dem Waldfriedhof unter einem Baum ist frei zugänglich. Ein trauriger Ort, aber er gehört dazu. Er erinnert nicht nur die Wolfsburger daran, wie kostbar die Gesundheit und wie kurz das Leben ist und dass das Schicksal auch diejenigen treffen kann, die scheinbar privilegiert sind und prominent in der Öffentlichkeit stehen. Und auch daran, dass Fußball eigentlich nur ein Spiel ist. Wer das Grab von Krzysztof Nowak in Wolfsburg besucht, wird daran immer erinnert werden.

Adresse Werderstraße 21, 38448 Wolfsburg-Tiergartenbreite | ÖPNV Buslinie 202, 264, Haltestelle Wolfsburg Waldfriedhof | Tipp Wer die Krzysztof-Nowak-Stiftung unterstützen möchte, findet alle weiteren Informationen auf der Homepage des VfL Wolfsburg. Kreuzheide und Tiergartenbreite, zwischen denen sich der Waldfriedhof befindet, sind sehr grüne Stadtteile mit mehreren Teichen (Mühlenteich, Neuer Teich, Alter Teich) und zahlreichen Gelegenheiten zum Spazierengehen.

56 Die Kuchenlounge

Wolfsburgs Café Kranzler

Das Café Kranzler ist nicht nur für Berliner wahrscheinlich der Inbegriff eines berühmten Kaffeehauses. Eins zum Sehen und Gesehenwerden, für das gemütliche Heißgetränk am Morgen oder Nachmittag oder einfach, um etwas Zeit totzuschlagen. In Wolfsburg gibt es auch so eine Art Kranzler. Nur hier heißt es Cadera. 160 Jahre Tradition insgesamt und über 75 Jahre in Wolfsburg sprechen da schon eine deutliche Sprache. Jedenfalls genug Zeit, sich in der Stadt entsprechend zu etablieren.

Die »Hauptfiliale« in der Porschestraße bietet dabei ein unerwartetes Kaffeehausflair und wirkt, als hätte Udo Jürgens seinen Hit »Aber bitte mit Sahne« hier geschrieben – auch wenn die anwesenden Damen wahrscheinlich weniger häufig auf die Namen Ottilie oder Liliane hören.

Und dennoch: Wer bei dem Duft und dem edel anmutenden Ambiente keine Lust auf ein Stück der selbstgemachten Torten oder sonstigen Konditor-Leistungen bekommt, dem ist kulinarisch wahrscheinlich eh nicht mehr zu helfen.

In der »Kuchenlounge« mit seiner hohen Galerie ein Heißgetränk zu sich zu nehmen und sich ein gutes Gespräch zu gönnen, gehört in Wolfsburg definitiv dazu – und hat schon seit Generationen Tradition in der Stadt. Jedenfalls sind die 85 Sitzplätze, egal ob zum Frühstück oder zum Tortengenuss, regelmäßig gut besetzt. Die Zeit schrieb einmal: »In Wolfsburg geht man nicht zum Bäcker, man geht zu Cadera.« Da ist durchaus was dran, wobei sich durch den Zuwachs an Schnellbäckereien und auch Cafés in der Innenstadt die Gewichte im Laufe der Zeit durchaus verschoben haben. Trotzdem macht so eine Schlagzeile auch deutlich, was das Cadera zu einem besonderen Ort macht. Was das Thema Gemütlichkeit und Flair angeht, hat die Kuchenlounge beziehungsweise das Café Cadera als Anlaufpunkt bei einem Besuch in der Wolfsburger City die Nase durchaus vorn.

Adresse Porschestraße 38, 38440 Wolfsburg | **ÖPNV** Buslinie 201 – 204, Haltestelle Wolfsburg Kaufhof | **Öffnungszeiten** Mo–Sa 7 – 18 Uhr, So 9 – 15 Uhr | **Tipp** Das Café Cadera liegt mitten in der Wolfsburger Fußgängerzone. Es bietet sich ein Bummel über die Shopping-Meile vor oder nach einem Stück Kuchen oder dem Kännchen Kaffee problemlos an.

57__Der Kunstboden im Bahnhof

Begehbar und gestreift

Ein Kunstwerk für die Füße? Klingt erst mal etwas merkwürdig. In Wolfsburg ist das allerdings Realität und für viele Besucher der Stadt der erste der 111 Orte, an denen sie gewesen sein sollten – ohne es zu wissen. Aber umso wichtiger ist es natürlich, die Augen diesbezüglich offenzuhalten. Es liegen ja nicht alle Orte in Wolfsburg so auf der Hand. Deswegen gibt es ja hier auch ein paar Tipps und Hinweise auf die Plätze, die man nicht immer gleich entdeckt.

Wer auf dem Wolfsburger Hauptbahnhof ankommt, als Pendler, Reisender oder Einheimischer, steht in der Bahnhofshalle quasi mitten in einem echten Kunstwerk. Nein, damit ist nicht die eher nüchterne Architektur an sich gemeint, sondern der Fußboden. 16.000 Reisende laufen hier täglich beim Rein- oder Rausgehen drüber. Man kann also nicht sagen, dass in Wolfsburg auf dem Hauptbahnhof nichts los wäre – im Gegenteil, gerade zu Stoßzeiten. Mit der Sanierung im Jahr 2004 kam die Idee auf, für die ankommenden oder wartenden Menschen eine Art begehbares Kunstwerk zu schaffen. So wurde der öffentliche Raum des Bahnhofs zu einer Ausstellungsfläche.

Der französische Künstler Daniel Buren setzte das Ganze in die Tat um: Es entstand eine begehbare Grafik, die sich durch die Halle und durch den Tunnel zu den Gleisen zieht. Die Formen sind dabei mal rund, mal quadratisch, mal sind es Streifen. Damit hat Wolfsburg sogar etwas mit Paris gemeinsam, denn Buren gestaltete auch den Ehrenhof im dortigen Palais Royal. Das Markenzeichen des Künstlers: die auffälligen breiten Streifen.

Die Kunst im Hauptbahnhof kam übrigens so gut an, dass ein 15 Quadratmeter großer Wartebereich zu einer »Mini-Galerie« erklärt wurde. In der »Kunst-Station« können sich Wartende und Reisende dauerhaft die Zeit vertreiben. Die Ausstellungen wechseln seit 2006 halbjährlich.

Adresse Willy-Brandt-Platz 3, 38440 Wolfsburg | ÖPNV alle Buslinien, Haltestelle Wolfsburg Hauptbahnhof | Tipp Nicht nur den Blick auf den Fußboden richten. Etwas versteckt stehen an einer Tafel an der Wand noch weitere Informationen zum Kunstprojekt.

58 Die Liebes-Eiche

Romantik unterm Baum

Früher, als es noch kein Tinder oder ähnliche Dating-Apps gab, mussten die jungen Menschen mit ihren romantischen Gefühlen ja trotzdem irgendwohin. Meistens an einen unbeobachteten Ort, an dem man seinen Emotionen freien Lauf lassen und sich für ein Date – weitab von neugierigen und fremden Blicken – verabreden konnte. Irgendwo müssen sie ja zutage treten, die Hormone und das Motto »Wehe, wenn sie losgelassen«. Solch einen Ort gibt es auch in Wolfsburg. Es ist die Liebes-Eiche in der Nähe des Ortsteils Barnstorf. Zu diesem gehört übrigens auch die Siedlung Waldhof.

Doch zurück zur Eiche: Hier war man in der Regel tatsächlich ungestört, wenn es darum ging, das Herz der oder des Angebeteten zu erobern. Augenzeugen und Nutznießer der Örtlichkeit wollten im Rahmen dieses Buches allerdings nicht zitiert werden. Und das ist vielleicht auch besser so. Unter dem schief gewachsenen großen Baum, der mit seiner Krone einen romantischen Baldachin bildet, befinden sich zwei Bänke. Von hier hat man eine herrliche Aussicht auf Barnstorf direkt vom Waldesrand aus. Vorteil: Man kann als Liebespaar auch relativ gut über Wald und Flur erkennen, wer sich dort aus dem Dorf Richtung Eiche aufmacht und eventuell das junge Glück stören könnte. Damit man übrigens genau weiß, wo man sich befindet, hat jemand in weißen Lettern auf den Stamm des Baumes deutlich erkennbar die Ortsangabe geschrieben. »Liebes-Eiche« steht dort zu lesen, damit man nicht aus Versehen unter einer anderen bekannten Barnstorfer Eiche landet. Das wäre unter romantischen Gesichtspunkten sogar recht fatal. Die andere Eiche ist nämlich ein Platz des Erinnerns an die Opfer der Völkerschlacht von Leipzig. Und dieser Baum ist ja dann ein weit weniger romantischer Ort für Verliebte als die Liebes-Eiche. Dann schon lieber das Original mit Baldachin und den hölzernen Sitzgelegenheiten am Waldrand.

Adresse 38446 Wolfsburg-Barnstorf, Geodaten 52°23'38.1"N 10°47'19.3"E | **ÖPNV** Buslinie 215, 216, Haltestelle Barnstorf Scharenhop | **Tipp** Ein Ausflug zur Liebes-Eiche lohnt sich sowohl von Barnstorf aus als auch aus der Innenstadt durch die Wälder jenseits des Rabenbergs, vor allem mit dem Fahrrad. Wer die Strecke zu Fuß absolvieren möchte, braucht zumindest gute Kondition.

59 Der Lindenberg

Herz des alten Sandkamp

Auf dem Lindenberg dominieren eher Eichen und Kastanien. Er ist ein besonderer Ruhepol am Rand des Zentrums von Sandkamp. Ein Ruhepol, den man – typisch für Wolfsburg – in dieser Seitenstraße des Ortsteils zwischen Fallersleben und der City mit dem Auto umrunden kann. Doch gleichzeitig hat dieser Platz etwas Nobles, in der Regel ist er auch gut gepflegt. Hier steht der Maibaum von Sandkamp, Sitzgelegenheiten gibt es einige und sogar ein paar Spielgeräte für Kinder. Zumindest für die kleineren. Alles in diesem dörflichen Rundling ist optisch auf das steinerne Denkmal zum 500. Geburtstag Sandkamps ausgerichtet. 1989 war das und ist damit ja auch schon wieder ein paar Jährchen her.

Gleichzeitig zeigt das Denkmal das Original eines Pferdepflugs. Dieser war bis Ende der 1930er Jahre noch bei einem hiesigen Bauern im Einsatz. Man kann sich bei dem Anblick des Furchenmachers vorstellen, dass einiges an Muskelschmalz und Überredungskunst für das Antriebstier nötig gewesen sein muss, um zu einem erntereifen Ergebnis zu gelangen. Auch angesichts der industriellen Nachbarschaft ist der Pflug ein spannendes Relikt vergangener Zeiten. Denn Sandkamp ist der Ortsteil, der mit am dichtesten dran ist am modernen Volkswagenwerk. Durchgangsverkehr der Schichtarbeiter prägt das Ortsbild fast täglich, riesige Mitarbeiterparkplätze wurden hier in der Nachbarschaft erbaut, und eine eigene, namensgebende Toreinfahrt ins Werk (Wache Sandkamp) made in Wolfsburg gehört ebenfalls dazu.

Mittlerweile hat der Pflug, der früher mit einem PS betrieben wurde, als Zeitzeuge auf dem Lindenberg seinen Ehrenplatz gefunden und wartet darauf, auch mal näher betrachtet zu werden. Wer hier herkommt, gönnt sich ein paar Minuten unter den großen und schattigen Bäumen. Hier schlägt das Herz des alten Sandkamp. Die Bäume und auch der Lindenberg sind sogar im blau-gelben Ortswappen von Sandkamp verewigt.

Adresse Am Lindenberg, 38442 Wolfsburg-Sandkamp | **ÖPNV** Buslinie 211, 227, Haltestelle Sandkamp | **Tipp** Rund um den Lindenberg gibt es einige sehr schöne und historische Bauernhöfe und Fachwerkhäuser zu sehen. Nur wenige Gehminuten entfernt befindet sich außerdem der Mittellandkanal mit einem schönen Spazierweg.

60_Die Loge im Metropol

Kinoerlebnis aus der guten alten Zeit

Die Sessel knarzen, die Beinfreiheit ist auch eher überschaubar – und trotzdem fühlt man sich wohl. Und auch ein bisschen wichtig. Wer die Loge im Metropol Filmtheater in Fallersleben betritt, fühlt sich außerdem sofort an die gute alte Zeit erinnert, als Kino noch Kino war und keine Massenveranstaltung in überdimensionalen Cine-Komplexen.

Knapp 300 Plätze bietet das Metropol, davon einige ausgewählte auch an dem Platz, an dem man in Wolfsburg mal gesessen haben sollte. Denn hier hat man den besten Blick für ein Filmerlebnis der besonderen Art. Wer einmal hinter Sitzriesen, Zuspätkommern der Marke Zwei-Meter-Mann oder einer Hochsteckfrisur gesessen hat, weiß den richtigen Platz besonders zu schätzen. Auf die richtige Umgebung kommt es halt auch im Kino an. Das Flair der Metropol-Loge ist in Wolfsburg nämlich unvergleichlich: die roten schrägen Kinosessel, die alten Vorhänge, die acht Fischer-Lampen mit den original Glaslamellen und diesem ganz speziellen Licht aus einer Zeit, als die Leinwandstars noch Hans Albers oder Romy Schneider hießen. Der Film »Die Deutschmeister« mit der großen Schauspielerin war übrigens der erste Streifen, der im Metropol überhaupt gezeigt wurde. 1955 war das. Und das ist ja nun wirklich mal ein Weilchen her – oder sollte man sagen: so einige rauschende Oscar-Verleihungen.

Die Kinogeschichte in Fallersleben geht sogar bis Anfang der 20er Jahre zurück. Damals noch original mit einem Klavierspieler an der Leinwand, was man sich heute nur schwer vorstellen kann. Den sucht man im Metropol Theater natürlich inzwischen auch vergeblich, doch der Spirit des ersten Kinos der Region ist schon beim Eintritt durch die großen Flügeltüren immer noch vorhanden und sorgt für ein Lächeln auf dem Gesicht. Und selbstverständlich gibt es inzwischen auch alle modernen Blockbuster zu sehen – mit perfektem Blick aus dem knarzenden Kinosessel in der Loge.

Adresse Bahnhofstraße 33, 38442 Wolfsburg | **ÖPNV** Buslinie 203, Haltestelle Fallersleben Bahnhofstraße | **Öffnungszeiten** Programm unter www.metropol-fallersleben.de | **Tipp** Wer etwas zu spät zur Vorstellung kommt, erhält normalerweise vom freundlichen Kinopersonal noch einen besonderen Service: Man wird mit der Taschenlampe im dunklen Saal zu seinem Platz geleitet.

61 Das Marathontor

Sporttradition im Retrostyle

Generationen von Sportlern haben ihn genommen, den Weg in den Innenraum unter den Tribünen des ehrwürdigen Stadions am Elsterweg, das sehr prominent an einer der meistbefahrenen Hauptstraßen von Wolfsburg liegt. Die direkte Zufahrt führt allerdings etwas verschachtelt durch ein Wohnviertel. Aus einigen Häusern konnte man die Ereignisse auf den Sportplätzen in der Vergangenheit sehr entspannt vom Fenster aus verfolgen.

Der Elsterweg ist Heimat des VfL Wolfsburg e.V., ehemalige Spielstätte der Fußball-Profis (Männer und Frauen) und -Amateure, genauer gesagt der U23, sowie Schauplatz von Leichtathletik-Meisterschaften und Konzerten. Wer durch das Marathontor das Stadion betritt, dem weht sofort ein Hauch von Nostalgie um die Nase – und allen Wolfsburger Sportbegeisterten ringt es auch Ehrfurcht ab. Der Blick ins weite Rund, vor allem auf die denkmalgeschützte Haupttribüne aus Beton, lässt Sportfans das Herz höherschlagen. Das Marathontor selbst hat dabei den Charme eines höhlenartigen Zugangs aus dem Backstagebereich des Stadions auf die »große Bühne«. Fast kann man die Zuschauer noch rufen hören, wenn man durch diesen kurzen Tunnel ins Elsterweg-Stadion einläuft. Oder man erhascht vor dem geistigen Auge einen Blick auf die Bundesligastars Ende der 90er Jahre, die im Marathontor noch der Presse nach einem Spiel Rede und Antwort standen – ordentlich Zugluft inklusive.

Gut 15.000 Zuschauer passten hier in den 90er Jahren ins Stadion, am Ende vor dem Umzug des VfL Wolfsburg in die moderne Volkswagen Arena waren es sogar 21.000. Mit dem Begriff Komfort hatten aber weder das Stadion noch die Kabinen, noch das Marathontor etwas zu tun.

Seit 1947 gibt es das Stadion, das zwar inzwischen Sanierungsbedarf hat, aber trotzdem zu den Orten gehört, die man in Wolfsburg gesehen haben sollte – vor allem mit dem Zugang durchs ehrwürdige Marathontor.

Adresse am Elsterweg/Kiebitzweg 17, 38446 Wolfsburg-Hesslingen | ÖPNV Buslinien 203, 204, Haltestelle Wolfsburg Kiebitzweg | Tipp Die Eisentür zum Marathontor ist eigentlich immer offen, man kann problemlos einen Blick riskieren. Eigentlich ist es Trainingsgelände des VfL Wolfsburg, aber die Platzwarte sind freundlich, wenn man den Grund des Besuchs erklärt.

62 Der Marktplatz

Nordhoffs Quartier

Der Stadtteil Steimker Berg ist schon seit seiner Entstehung ein ganz besonderer. Bereits zu Zeiten der Stadtgründung waren hier die Wohnanlagen der Architekten und Bauingenieure angesiedelt, das Gebiet war also eher der damaligen Upperclass vorbehalten. Hier ließ es sich entsprechend für die Wolfsburger Verhältnisse der Anfangsjahre erstklassig leben. Das änderte sich auch nach dem Zweiten Weltkrieg nicht oder nur wenig: 1952 wurde hier die Villa Nordhoff, also das Heim des VW-Generaldirektors Heinrich Nordhoff, gebaut. In der Nachbarschaft wohnten die anderen VW-Führungskräfte. Wobei sich jeder fragen kann, ob es so erstrebenswert ist, mit dem Chef in direkter Nachbarschaft oder gar Tür an Tür wohnen zu »dürfen«.

Fast behutsam wurde der neue Stadtteil damals in ein Waldstück hineingebaut, was man nicht von allen Wolfsburger Bauprojekten behaupten kann. Bis heute ist hier alter Baumbestand zu finden, und die Straßen sind nach Bäumen benannt, die dort tatsächlich gewachsen sind: Kiefer, Birke oder Eiche. Das bedeutet auch, dass sich die Gebäude am Steimker Berg wohl noch am besten in Wolfsburg in die Umgebung eingegliedert haben. Bausünden findet man hier kaum.

Besonders deutlich wird dies bei den historischen Gebäuden am Marktplatz des Steimker Bergs. Dieser sucht in Wolfsburg seinesgleichen, jedenfalls gibt es in der Stadt wenige Orte wie diesen. Auch wenn hier nicht immer reges Markttreiben herrscht und auch nicht mehr jede Ladenlokalfläche in den weiß- und cremefarbenen Häusern genutzt wird, hat der Ort doch eine gewisse einmalige Schönheit in Wolfsburg und ist als Denkmalensemble verzeichnet. Zum 70. Stadtgeburtstag gab es sogar einen Sonderstempel der Deutschen Post mit den zentralen Gebäuden und der markanten Turmuhr. Und diese Ehre hat der Marktplatz am Steimker Berg auch durchaus verdient.

Adresse am Steimker Berg, Alte Landstraße, 38446 Wolfsburg-Steimker Berg | **ÖPNV** Buslinie 215, 216, Haltestelle Steimker Berg Emmausheim | **Tipp** Rund um den Marktplatz gibt es einige schöne Gebäude und Häuser zu sehen. Ein Stadtteilbummel lohnt sich. In der Umgebung gibt es auch einige Restaurants, ein höherklassiges Hotel und einen Grillplatz.

63 Die Menschenrechte-Statue

Nackt, aber mehr als bloß

Der Mann ist unbekleidet. Er steht aufrecht, nackt und bloß auf einer Platte. Diese symbolisiert das Grundgesetz. Der Mann ist eine Statue. Eine wichtige in ihrer Symbolik, und so steht sie in Wolfsburg auch nicht irgendwo, sondern vor dem Wolfsburger Amtsgericht, das 1985 erbaut wurde. Damals mussten einige Häuser verschwinden, um Platz zu schaffen. Platz unter anderem auch für die besagte Statue: »Menschenrechte« lautet der Name der Skulptur, die den Vorplatz des Gerichts schmückt und zu einem besonderen Ort macht. Der Blick ist unverbaut, eine große Rasenfläche bildet quasi den Vorhof des Gerichts. Gleichheit vor dem Gesetz soll die Nacktheit ausdrücken und dass die Justiz den Menschen hier nicht auf die Knie zwingt, wie in manchen Unrechtsstaaten. Der aufrecht gehende Mensch, der ohne Ansehen, ohne feine oder zerrissene Kleider vor Gericht erscheint, ist gleich mit allen anderen. Ein wichtiger Grundsatz unseres Justizsystems, der auch optisch hier deutlich unterstrichen wird. An diesen Grundsatz soll die dunkle Statue jeden Tag alle, die an ihr vorbeimüssen, erinnern – vom Richter bis zum Angeklagten. Wahrscheinlich hat sich an diese Grundsätze jeder der Besagten meistens gern erinnert gefühlt.

Entworfen hat das Werk der Weinstädter Künstler Karl Ulrich Nuss. Der brachte schon Bundespräsident Theodor Heuss auf das damalige Zwei-Mark-Stück oder den Rattenfängerbrunnen nach Hameln – und eben die Menschenrechte als Statue nach Wolfsburg. Diese bekommt nicht nur Aufmerksamkeit, sondern auch Respekt.

Nur mit einem konnten sich einige Bürger der Stadt offenbar nicht anfreunden: der Blöße der Skulptur. So wurde der nackte Mann in der Vergangenheit auch schon mal von Unbekannten angekleidet. Die Hintergründe sind zwar unklar, aber es dürfte wahrscheinlich die eher unbegründete Angst um Sitte und Moral gewesen sein.

Adresse am Amtsgericht, Rothenfelder Straße 43, 38440 Wolfsburg-Rothenfelde | ÖPNV Buslinie 383, Haltestelle Wolfsburg Amtsgericht | Tipp Vor dem Amtsgericht kann man tatsächlich auch nur vorfahren. Aufgrund der etwas umständlichen Einbahnstraßen-Verkehrsführung muss man einmal um den gesamten Gebäudekomplex herum, um einen Parkplatz zu ergattern. Um die Ecke findet man in einem der ältesten Stadtteile Wolfsburgs das Atelier Café sowie weitere Restaurants und Kulturangebote.

64 Die Moorbahn

Auf Schienen durchs große Moor

Nördlich von Wolfsburg wird es sumpfig. Hier erstreckt sich in der Südheide eine Moorlandschaft, die wahrlich als besonderer Ort bezeichnet werden kann. Das Große Moor liegt auf dem Gebiet der Gemeinde Sassenburg, aber nur wenige Fahrminuten von Wolfsburg entfernt.

Das Besondere: Hier ist die Moorbahn unterwegs, eine Schmalspurbahn, mit der sich die Landschaft mit einer Geschwindigkeit von 6 Stundenkilometern erkunden lässt. In Anbetracht des Tempos, mit welchem das Leben in Wolfsburg sonst vorbeibraust, sind 6 Kilometer pro Stunde vielleicht sogar eine willkommene Entschleunigung. Wer in die Moorbahn einsteigt, auf den wartet eine beeindruckende und wahrscheinlich auch nicht so bekannte Flora und Fauna. Unterwegs macht die Schmalspurbahn an bestimmten Punkten halt, sodass man sich direkt im Moor einen Eindruck von der Tier- und Pflanzenwelt verschaffen kann. Dabei helfen Stege, die durch das Moor verlaufen, oder auch ein hölzerner Aussichtsturm mit einem tollen Ausblick über die gesamte Gegend, für den man sich durchaus Zeit nehmen sollte.

Die Moorbahn ist mit überdachten Waggons unterwegs, sodass ein Ausflug auch bei Wind und Wetter möglich ist. Im feinen Sonntagsanzug sollte man aber vielleicht trotzdem nicht die Fahrt antreten. Im Moor ist es halt mitunter moorig. Interessant auf der Tour ist auch der Einblick in den heutigen Torfabbau.

Wer sich über das Große Moor informieren möchte, für den gibt es auf der Tour allerlei Wissenswertes auf zahlreichen Schautafeln. Seit dem Jahr 2000 existiert zudem ein richtiger Naturlehrpfad rund um das Moor. Auch ein Picknick oder eine Pause mitten in der Sumpflandschaft oder der Besuch eines Streuobstgartens sind möglich.

Wer sich für eine Fahrt mit der Moorbahn entscheidet, sollte allerdings etwas Zeit mitbringen: Die Tour dauert etwa zweieinhalb Stunden.

Adresse Am Hagen 16, 38524 Sassenburg | **ÖPNV** Buslinie 164, 173 Haltestelle Westerbeck Am Hagen | **Anfahrt** B188, rechts abbiegen auf Westerbecker Straße bis Am Hagen | **Öffnungszeiten** je nach Wetterlage fährt die Bahn April–Okt. | **Tipp** Wer das Große Moor auf eigene Faust erkunden möchte, kann dies ebenfalls tun. Es gibt einen 12 Kilometer langen Fahrrad- und einen 5 Kilometer langen Fußwanderweg. Achtung: Nicht alle Bereiche des Naturschutzgebietes sind ganzjährig zugänglich.

65 Mörses Mühlenriede

Renaturiertes Fleckchen Natur

Der Menschenauflauf war enorm an diesem sonst eher ruhigen Fleckchen. Meistens ist man hier für sich, an dem Platz mit dem Tisch, den Holzbänken und der kleinen Brücke, unter der glucksend die Mühlenriede sich ihren Weg durch das Unterholz zwischen den Wolfsburger Stadtteilen Mörse und Ehmen bahnt. Ein eher kleines und stilles Bächlein, aber dafür auch eins der idyllischsten Areale in ganz Wolfsburg. Ab und zu ein Spaziergänger mit Hund oder ein Radfahrer, das ist meistens auch schon alles, was die Stille durchbricht. Die Ruhe der Natur ist hier hautnah erfahrbar und wird von Anwohnern gern genutzt und angenommen.

Apropos Ruhe: Die Ausnahme bildete ein Apriltag im Jahr 2008. Sogar der Oberbürgermeister ist gekommen, und der kommt ja bekanntlich nur zu den wichtigen städtischen Anlässen. Denn – und das ist die eigentliche Nachricht – dass die Mühlenriede hier überhaupt entlangfließt, ist keine Selbstverständlichkeit. Vielmehr kann man von einem renommierten Projekt sprechen: Es ist Teil des europäischen Ideenwettbewerbs »Unsere Gewässer« und setzte sich 2008 mit dem Gedanken der Renaturierung des Bachlaufs gegen 43 ausländische Mitbewerber durch – EU-Förderung inklusive. Das ist doch mal ein echt schöner Erfolg. Inzwischen dient der Platz auch als Lehrpfad oder eine Art grünes Klassenzimmer, wo über die Belange der Natur wissenschaftlich aufgeklärt wird. Wichtig war aber auch: Bürger und Umweltschutz-Organisationen engagierten sich, Wolfsburger Schulen übernahmen die »Bach-Patenschaft«. Die Umgestaltung des Ortes wurde auch mit Spenden finanziert, zum Beispiel der Bau der Holzbrücke. Tafeln bieten zusätzlich allerlei Infos zur hier ansässigen Tier- und Pflanzenwelt – alles für diesen grünen Fleck Allgemeinwohl.

Alles in allem ein echter Anziehungspunkt für Naturliebhaber an einer Stelle in Wolfsburg, wo man das vielleicht nicht unbedingt hier so vermutet.

Adresse 38442 Wolfsburg-Mörse, Geodaten 52°23'19.9"N 10°43'21.5"E | ÖPNV Buslinien 204, 211, Haltestelle Mörse Im Dorfe | Tipp Gummistiefel nicht vergessen! Durch den meistens flachen Bachlauf kann gewatet werden. Im Sommer bietet die Mühlenriede an dieser Stelle auch barfuß eine perfekte Abkühlung.

66 Die Museumswohnung

Leben in Wolfsburg wie 1942

Wolfsburg wurde 1938 bekanntlich als »Stadt des KdF-Wagens bei Fallersleben« von den nationalsozialistischen Machthabern in Deutschland gegründet. Den Namen legte man glücklicherweise 1945 zugunsten von Wolfsburg ab. Doch wie lebte es sich in dieser Zeit der Gründungsphase? In der Stadt gibt es heute einen besonderen Ort, wo man sich genau davon ein Bild verschaffen kann: die Museumswohnung. Zugegeben, der Name klingt nicht nach einem echten Brüller, das Ganze ist aber trotzdem sehenswert.

Eine hiesige Wohnungsbaugesellschaft hat eine Mietwohnung im Stil des Jahres 1942 eingerichtet, die von Besuchern besichtigt werden kann. Ein sehr schönes Angebot, weil es sich auch mit interessanten Fragen beschäftigt: Wie haben die Menschen mitten im Zweiten Weltkrieg in einer neu gegründeten Stadt gelebt? Welche Möbelstücke und welche Zimmereinrichtung gehörten zum Style der 1940er Jahre? Und: Welchen Charme versprühte das Ganze trotz der finsteren Weltlage? Denn diese Epoche hat ja mit einem nicht ganz unwichtigen »Imageproblem« zu kämpfen – vorsichtig ausgedrückt. Wie es »in echt« gewesen ist, das kann man sich problemlos in Wolfsburg in der Museumswohnung ansehen, um einen Eindruck zu erhalten.

Besonders interessant: die Küche, die natürlich weit von dem entfernt war, worauf wir in unserer hochtechnisierten Welt der Speisenzubereitung inzwischen zurückgreifen können. Ein bisschen mutet sie wie das in die Jahre gekommene Sprechzimmer eines Arztes an. Dafür sind in der Dusche die Vorhänge noch original bestickt mit blauen Blumenmustern. Ebenfalls durfte damals nicht fehlen: der Hollywood-like Flügelspiegel im Schlafzimmer, wo sich die Dame des Hauses stadtfein machte, inklusive großzügigem Tisch für die Flakons und Schminkutensilien.

Einen Blick in die Zeiten der Großeltern riskieren – hier in Wolfsburg ist das problemlos möglich.

Adresse Schillerstraße 30, 38440 Wolfsburg | ÖPNV Buslinie 204, 212, Haltestelle Piazza Italia | Öffnungszeiten Informationen zur Besichtigung und Buchung bei der Tourist-Information Wolfsburg, Tel. 05361/899930 | Tipp Die Museumswohnung liegt mitten in der Innenstadt, sodass um die Ecke ein Bummel durch die Fußgängerzone im Anschluss möglich ist.

67 Das Naturdenkmal Alter Teich

Rise of the Mülldeponie

Es ist eher ungewöhnlich, dass ausgerechnet ein Teich zu einem Denkmal erklärt wird. So geschehen aber 1978 mit dem Naturdenkmal Alter Teich im Wolfsburger Stadtteil Teichbreite. Dieser entstand erst in den 1960er Jahren. Da gab es die Namensgeber allerdings schon, das Gewässer wurde bereits im 16. Jahrhundert erwähnt. Fünf Hektar ist das Gelände groß.

In unmittelbarer Nähe gab es eine Ziegelei und weitere Stellen, wo Ton abgebaut wurde. Die Löcher wurden anschließend mit Abfall aufgefüllt. In der Rückschau fragt man sich natürlich, wie so was eigentlich sein kann und warum Menschen lieber den Müll in die Natur kippten, als sich um deren Erhalt zu sorgen. Und genau da liegt der Grund für die Ernennung des Teichs zum Naturdenkmal: Die Stadtverantwortlichen wollten so verhindern, dass das Tier- und Pflanzenleben in und um die ehemalige Ziegelgrube vollständig zur Mülldeponie verkommt. Eine absolut richtige Entscheidung! Stattdessen wurde für die Anwohner der benachbarten Wohngebiete Teichbreite, Tiergarten und Kreuzheide ein kleines Erholungsgebiet geschaffen. Ist auch viel schöner als eine Mülldeponie direkt vor der Haustür, da dürften sich inzwischen wahrscheinlich alle einig sein, die in der Gegend wohnen oder auch nur mal spazieren gehen.

Gespeist wird der Alte Teich übrigens nicht durch einen Fluss- oder Bachlauf, sondern per Entwässerungsgräben benachbarter Felder – und tut so noch einen wichtigen Dienst an der Landwirtschaft.

Die Stadt investiert an dieser Stelle immer wieder in die Natur, baut in der Umgebung Biotope und andere Teiche oder entschlammt das Naturdenkmal selbst, damit es ein beliebter Ausflugsort bleibt. Eine Investition, die sich absolut gelohnt hat – vor allem im Vergleich zur ursprünglichen Nutzung und den mit Müll gefüllten Löchern in der Landschaft.

Adresse Zum Fuhrenkamp, 38448 Wolfsburg-Teichbreite | **ÖPNV** Buslinie 201, 202, Haltestelle Wolfsburg Hechtstraße | **Anfahrt** kann nicht direkt angefahren werden, am besten über die K51 zwischen Tiergartenbreite und Vorsfelde annähern und dann zu Fuß weitergehen | **Tipp** Wer sich für das Thema Naturdenkmäler in Wolfsburg interessiert, findet in Alt-Wolfsburg mehrere Orte, zum Beispiel den Mammutbaum in der Nordstraße oder die Schlitzblättrige Rotbuche im Barockgarten am Schloss.

68 Das Niedersachsenhaus Wendschott

Wendschotts sehenswerter Heuboden

Die Hütte war eigentlich abbruchreif. Ein Bauernhaus von 1838 im Wolfsburger Ortsteil Wendschott. Dach undicht, innen morsch, ein Sanierungsfall. Doch für die Wendschotter und den dortigen Ortsverein erwies sich 2003 die Immobilie als echter Glücksfall für Bastler.

Das Dorf Wendschott hieß übrigens mal Wendes Kothe, das ist aber schon etwa 700 Jahre her. Die Bezeichnung geht auf die Behausungen des dortigen Volksstammes der Wenden zurück: die Katen. Häuser haben also in Wendschott von jeher eine wichtige Rolle gespielt. Und das zahlte sich im Fall des morschen Bauerngehöfts dann in der Praxis auch aus. In mühevoller Eigen- und Kleinarbeit sowie mithilfe städtischer Förderung nahmen sich die Wendschotter den Bau vor und schufen so einen einmaligen neuen Ort für Wolfsburg: das Niedersachsenhaus.

Lagen beim Umbau auf dem dortigen Heuboden tatsächlich noch Heu und auf Stroh, ist hier heute ein Heimatmuseum zu Hause, das einen Einblick in das ländliche Leben und Arbeiten in Niedersachsen und Wendschott über die Jahrhunderte gibt, interessant und hintergründig. Die Exponate auf dem Heuboden sind liebevoll zusammengetragen und ausgewählt. Das ganze Gebäude ist inzwischen renoviert und ein echtes Schmuckkästchen geworden. Wendschotts ganzer Stolz – und das zu Recht. Wer die knarzenden, aber trotzdem neuen Treppen zum Heuboden erklimmt und durch die »Groote Dor« – also die große hölzerne Eingangstür – geschritten ist, kann kaum glauben, dass das unter normalen Umständen abbruchreife Niedersachsenhaus sich so entwickelt hat. Aber umso schöner, dass sich die Beteiligten hier die Mühe gemacht haben und ein neues Wahrzeichen erschufen. Ein Heimatmuseum, das seinen Namen tatsächlich verdient und so zu einem der besonderen Orte in Wolfsburg geworden ist.

Adresse Wendenstraße 14, 38448 Wolfsburg-Wendschott | **ÖPNV** Buslinie 201, 203, Haltestelle Wendschott | **Öffnungszeiten** Besichtigung in der Regel Di, Tel. 05363/704339 | **Tipp** Das Gebäude kann auch für Familienfeiern gemietet werden.

69 Der Nordkurvensaal

Bierchen, Bockwurst, Tradition

Der VfL Wolfsburg wird in Fußball-Deutschland selten als Inbegriff von Tradition und Fankultur gesehen. Dass es sich dabei um perfekt gepflegte Vorurteile handelt, kann jeder feststellen, der an Spieltagen der Bundesliga mal einen Blick in den Nordkurvensaal der Volkswagen Arena riskiert. Gerade Auswärtigen sei dieser Blick sehr empfohlen. Der Saal wird nämlich – im kommerzialisierten Fußball-Business eher die Ausnahme – von der aktiven Fanszene des Vereins verwaltet.

Wer also immer mal in Kontakt mit »Ultra-Gruppierungen« kommen wollte, um sich sein eigenes Bild zu machen, ist hier genau richtig. Denn vielfach hat ja gerade diese Fangruppe durchaus mit Vorurteilen zu kämpfen – teils berechtigt, aber eben zu anderen Teilen auch unberechtigt. Gerade, was die Liebe zum Verein und zum Sport angeht.

Zurück zum Nordkurvensaal: Eine urige, erdige Atmosphäre in einer Mischung aus Eckkneipe und Jugendtreff erwartet die Gäste. Das Holzinterieur stammt dabei übrigens aus einer echten alten Wolfsburger Fußballkneipe und wurde von dort gern übernommen, nicht zuletzt, weil es hervorragend in die Räumlichkeiten passt. Bei Bierchen und Bockwurst zu fanfreundlichen Preisen (so heißt es übrigens in der Eigenwerbung der Fan-Gruppierungen aus der Wolfsburger Szene) ist man hier dem ursprünglichen Fußball-Feeling wohl so nah wie sonst nirgendwo rund um die Arena. Auf Schickimicki und Küsschen-Küsschen à la VIP-Bereich wird hier bewusst verzichtet. Auf ausreichende Deckenbeleuchtung meistens auch.

Dafür gibt es den Charme von Vereinsheim und Fußball-Romantik inklusive abgewetztem Kicker-Spielgerät, während auf der Großleinwand meistens ebenfalls der Ball rollt. Wer also nicht über Grätsche, Viererkette oder Fehleinkauf diskutieren möchte, kann es sich auf den durchgesessenen Sofas im Nordkurvensaal gemütlich machen – bevor es dann ins Stadion geht.

Adresse Volkswagen Arena, In den Allerwiesen 1, 38446 Wolfsburg | ÖPNV Buslinien 201, 202, 211, 213, Haltestelle Wolfsburg Autostadt | Tipp Am besten spätestens 90 Minuten vor Spielbeginn dort sein, da Selbstbedienung und gut besucht. Und keine Berührungsängste, einfach durch die Tür neben dem rechten Marathontor der Nordkurve und dann in den ersten Stock – aber nur in Wolfsburg-Fankleidung.

70 Die Pauluskirche

Der »Finger Gottes«

Der 32 Meter hohe Turm überragt die Stadtteile im Westen Wolfsburgs und ist entsprechend schon von Weitem zu sehen. Stolz thront der Kirchturm der Pauluskirche über Laag- und Hageberg und ist nicht nur optisch einer der besonderen Orte in Wolfsburg, das durchaus einige beeindruckende Kirchenbauten zu bieten hat. Die Architektur hier am Laagberg ist aber noch mal bewusst speziell gewählt.

Erdacht und erbaut vom Hamburger Architekten und Spezialisten für Kirchenbauten Gerhard Langmaack, wurde die Pauluskirche 1960 eingeweiht. Langmaack war Meister seines Fachs und hinterließ bis zu seinem Tod 1986 deutschlandweit Spuren mit seinen Bauwerken, von Hamburg bis Aachen. Sogar in Ramallah steht mit der Hoffnungskirche ein Werk von ihm. Und eben auf dem Laagberg in Wolfsburg. Einige sehen in dem Turm die Form des erhobenen Zeigefinger Gottes als Mahnung, andere interpretieren einen halbierten Tulpenkelch hinein. So oder so, das ungewöhnliche Kirchenbauwerk sollte man in Wolfsburg einmal besucht haben. Eine abgerundete Turmspitze verstärkt den Eindruck eines Fingers oder einer Fingerkuppe, die in die Luft zeigt. Oben drauf ist ein Wetterhahn angebracht.

Der Turm ist gleichzeitig auch Zugang zur Kirche, was ebenfalls eher ungewöhnlich gewählt ist, zumindest in der dortigen Ausprägung. Die Besucher müssen durch einen niedrigen Raum als Eingangsbereich unter dem farbig dunklen Turm hindurch, bevor sich das weitläufige und große Kirchenschiff öffnet. Das klingt jetzt nach gebückter oder kriechender Haltung, ganz so ist es aber in der Realität dann doch nicht.

Die gesamte Kirche steht inzwischen unter Denkmalschutz. »An der Erhaltung der Kirche besteht aufgrund ihrer geschichtlichen, künstlerischen und städtebaulichen Bedeutung öffentliches Interesse«, urteilte das Landesamt für Denkmalpflege. Dem ist nichts wesentlich hinzuzufügen.

Adresse Mecklenburger Straße 31, 38440 Wolfsburg-Laagberg | ÖPNV Buslinie 201, 212, 213, Haltestelle Laagberg Pauluskirche | Öffnungszeiten Informationen unter Tel. 05361/32013 oder 31599 | Tipp Nicht nur der Turm lohnt einen Besuch, auch das Innere der Kirche ist sehenswert. So ist etwa die Empore, erbaut in einem geschwungenen Halbkreis samt großer Treppenanlage, für einen Kirchenbau außergewöhnlich anzuschauen.

71 Der Pavillon im Gutspark

Wolfsburgs nettester Grillplatz

Der Mörser Gutspark gehört zu den schönsten Parkanlagen in Wolfsburg. Aufwendig wurden etwa der Zugang – ein altes eisernes Tor für die Einfahrt der Pferdekutschen – sowie die dazugehörigen Wege restauriert. Und das Ergebnis kann sich wahrlich sehen lassen, vor allem in so einem kleinen Ortsteil von Wolfsburg, wie es Mörse im alten Dorfbereich noch ist. Doch nicht nur zum Spazierengehen bietet sich der Gutspark an, er hat außerdem Wolfsburgs wahrscheinlich nettesten Grillplatz zu bieten – auch wenn das natürlich immer subjektiv ist. Dieser Grillplatz wird von der Stadt verwaltet und kann im Grunde nach vorheriger Anmeldung von jedermann genutzt werden.

Gemeint ist der Pavillon, der zu den markanten Punkten der Anlage zählt. Früher ein beliebter Treff der Dorfjugend, die sich hier das ein oder andere Wochenende zu jeder Jahreszeit versammelte, hat das hölzerne Bauwerk in dem Wolfsburger Ortsteil ein wenig Kultstatus erlangt. Es gehört einfach zu Mörse dazu. Inzwischen wird der Pavillon auch für Familien-Barbecues oder von Hundebesitzern als Möglichkeit zum Ausruhen während des Gassigangs genutzt.

Im Pavillon selbst kann man gemütlich und windgeschützt im Halbrund sitzen, während nebenan im Steingrill die Bratwurst brutzelt. Auch ein steinerner Tisch gehört zum Ambiente rund um den Pavillon, der auf eine kleine Empore gebaut wurde. So hat man einerseits einen sehr schönen Blick in die Anlage, ist aber gleichzeitig vor zu neugierigen Blicken von Passanten geschützt und ein bisschen für sich. Und das ist ja meistens auch nicht verkehrt. Die große Wiese vor dem Pavillon lädt außerdem zum Spielen oder Sonnenbaden ein. Schatten spenden die altehrwürdigen Bäume, die es rundum zuhauf gibt. Alles in allem ein schönes Fleckchen, mit dem man an dieser Stelle in Wolfsburg wahrscheinlich nicht unbedingt rechnet.

Adresse 38442 Wolfsburg-Mörse, Geodaten 52°23'38.7"N 10°43'44.9"E | ÖPNV Buslinie 203, 204, Haltestelle Mörse | Tipp Auf der benachbarten Koppel gibt es auch einige Tiere zu bestaunen. Außerdem gibt es einen kleinen Teich etwa 100 Meter entfernt, in dem man als Hobbyangler manchmal fündig wird, sowie einen Spielplatz am gegenüberliegenden Ende des Gutsparks.

72 Der Pfauenbrunnen

Buntes Mosaik

Der Pfauenbrunnen – wer in Wolfsburg aufgewachsen ist, hat an ihn mit Sicherheit eine Kindheitserinnerung. Er gehört wahrscheinlich zu den buntesten und optisch sympathischsten Wahrzeichen der Stadt und erinnert selbstverständlich an den berühmten Vogel. Früher im Schatten eines inzwischen nicht mehr existenten Kaufhauses platziert, ist der Pfau vor allem von Kindern seit der Aufstellung 1960 tausendfach beklettert und sein »buntes Federkleid« aus unzähligen bunten Mosaiksteinfliesen bespielt worden. Die Kleinen fallen dem Vogel im wahrsten Sinn sogar um den Hals, um sich daran festzuhalten und die zum Teil nass-glitschigen Minifliesen zu erklimmen.

Die Idee des Spielens und die Nähe zu jungen Leuten gehörte aber von Beginn an zur Intention des Künstlers Paul-Kurt Bartzsch. Ein begeh- und berührbares Kunstwerk im Stadtbild wollte er schaffen, so wie es viele in Wolfsburg gibt. Hier haben sich die Stadtväter und -mütter immer einiges einfallen lassen, was die künstlerische Gestaltung angeht. Doch der 1,80 Meter hohe Pfauenbrunnen bildet optisch und vom Erinnerungswert noch mal ein Alleinstellungsmerkmal Wolfsburgs. Eins, das allerdings immer wieder gepflegt werden muss, was den meisten wahrscheinlich auf den ersten Blick gar nicht klar ist. Denn die Kinder und der Zahn der Zeit sorgen kontinuierlich dafür, dass die Mosaiksteine leiden und immer wieder restauriert werden müssen. Aufgrund seiner Beliebtheit in der Wolfsburger Bevölkerung hat eine örtliche Fliesenfirma der Stadt Wolfsburg als Eigentümerin des Pfauenbrunnens in der Bahnhofspassage die Reparaturarbeiten sogar vor einigen Jahren geschenkt. Das ist natürlich eine sehr lobenswerte Aktion gewesen.

So erneuert sich dieses besondere Wolfsburger Wahrzeichen immer mal wieder für die kommenden Generationen – und das sollte man auch weiterhin in dieser Stadt absolut wertschätzen.

Adresse Porschestraße 1, 38440 Wolfsburg-Rothenfelde | ÖPNV Buslinien 201–204 und 211–216, Haltestelle Wolfsburg ZOB | Tipp Im Winter wird der Pfauenbrunnen mitunter zum Schutz von einem Metallgestell umgeben. Für den Besuch und das Foto mit dem Kunstwerk empfiehlt sich also eine wärmere Jahreszeit. Der Pfauenbrunnen steht direkt am Nordkopf mit seinen zahlreichen Geschäften, Bars und Restaurants in unmittelbarer Nähe.

73 Der Pferdewurst-Stand

Kultige Wolfsburger Delikatesse

Wer samstags auf den Wochenmarkt am Rathausplatz kommt, kann davon ausgehen, dass vor einem Stand meistens eine Schlange steht – zumindest eine kleine. Dort gibt es die berühmte Wolfsburger Pferdewurst, die bei vielen Besuchern inzwischen Kultstatus hat und gerne verzehrt wird.

Wurst vom Hottehü ist ja nicht jedermanns Sache, aber wer Wolfsburg besucht und auf diesem oder einem anderen Wochenmarkt in den Ortsteilen umherschlendert, kommt meistens nicht an einem Probierhappen vorbei – egal ob Brüh-, Brat- oder sonstige Wurst, von Boulette bis Filet. Für viele Wolfsburger ist das Pferdefleisch eine Delikatesse und nicht mehr das Arme-Leute-Essen früherer Zeiten. Dabei gehört es zu den ältesten Nahrungsmitteln der Menschheit, und das sogar schon seit der lange zurückliegenden Eiszeit. Trotzdem gibt es natürlich die Furys und Black Beautys dieser Welt, viele Leute haben eine sentimentale Verbindung zu den Vierbeinern, die einen Verzehr oftmals ausschließt. In Wolfsburg wird das, wie oben beschrieben, nicht ganz so eng gesehen. Die Produkte made of Pferd kommen aus eigener Herstellung. Sich hier am Stand mal anzustellen, lohnt also nicht nur, um den kleinen Hunger zu stillen.

Überhaupt lohnt sich ein Besuch auf dem Wochenmarkt auf dem Rathausplatz, weil er ein besonderes Flair hat und man mit vielen Menschen aus der Region in Kontakt kommt – wenngleich der Rathausplatz sogar etwas überdimensioniert für den Wochenmarkt wirkt. Dennoch: Zahlreiche Direktvermarkter bieten hier ihre Waren an, meistens auch in Bioqualität. Und die wird entsprechend immer häufiger nachgefragt. Viele kommen auch extra aus dem Umkreis angereist, allein um sich in die Schlange vor dem Pferdewurst-Stand einzureihen. Einmal auf dem Wochenmarkt am Rathausplatz dabei sein, das gehört definitiv zu den Wolfsburger Orten, an denen man gewesen sein sollte.

Adresse auf dem Rathausplatz, Porschestraße 49, 38440 Wolfsburg | **ÖPNV** Buslinie 213, 216, Haltestelle Wolfsburg Rathaus | **Öffnungszeiten** Märkte jeweils 8–13 Uhr | **Tipp** Hunde und andere Tiere dürfen nicht mitgebracht werden. Ausnahme: Blindenhunde. Wer sich für das Markttreiben in Wolfsburg generell interessiert: Neben dem Rathausplatz gibt es rund ein halbes Dutzend weitere Wochenmärkte im Stadtgebiet (www.wolfsburg.de/markt).

74 Die Porschehütte

Künstlerische Baracke

Eigentlich sollte dieser Ort Anfang der 80er Jahre schon den Abrissbaggern zum Opfer fallen – doch das wäre in der Tat sehr schade gewesen. Für die Baracke mitten im Wald des Klieversbergs gab es damals keine Verwendung mehr. Dabei ist dies ein sehr geschichtsträchtiger Ort: Kein Geringerer als Käfer-Erfinder Ferdinand Porsche hat hier residiert, wenn er in der Stadt des KdF-Wagens, wie Wolfsburg während des Dritten Reichs noch hieß, weilte. Entsprechend kann man sich kaum vorstellen, dass es danach keine Pläne für eine weitere Nutzung der Hütte gab. Das Gebäude verfiel nach dem Krieg nahezu und wurde erst ab 1982 von einem Künstlerpaar wieder instand gesetzt. Eine sehr gute Idee!

Zwei Jahre dauerten die Renovierungsarbeiten, um aus der Baracke ein Wohnhaus samt Atelier und Ausstellungsräumen zu machen. Doch der Aufwand hat sich mehr als gelohnt. Eine ungewöhnliche Geschichte, ein ungewöhnlicher Ort, an dem die »Künstlergruppe Porschehütte« zu Hause und vielfältig tätig ist. Über 140 Ausstellungen von nationalen und internationalen Künstlern hat die »neue« Porschehütte gesehen, eine immense Zahl, und immer wieder ist sie Anziehungspunkt für Kunstfreunde – nicht nur aus der gesamten Region Wolfsburg.

Und die Porschehütte hat noch mehr zu bieten, was eine Erwähnung wert ist: Seit 2006 gibt es auch eine Kunstschule für Kinder von sechs bis 13 Jahren, in den Ferien werden Kreativwochen angeboten oder Workshops zum Thema Modezeichnen für junge Mädchen. Hier werden schon die Jüngsten an Kunst und Gestaltung herangeführt beziehungsweise soll das Interesse daran geweckt werden. Ein bunter Strauß an künstlerischen Möglichkeiten an diesem Fleckchen Wolfsburg, wo sich auch weniger kunstinteressierte Menschen mal einfinden sollten.

Nebenan hat Volkswagen ein Dokumentationszentrum errichtet. Auch hier lohnt sich ein Besuch.

Adresse Sauerbruchstraße 11, 38440 Wolfsburg-Klieversberg | ÖPNV Buslinien 213, Haltestelle Wolfsburg Klinikum | Öffnungszeiten Informationen auf www.kuenstlergruppe-porschehuette.de | Tipp Wer Wolfsburg künstlerisch gestalten möchte, hat hier die exklusive Gelegenheit. Nur von der Künstlergruppe Porschehütte gibt es ein Wolfsburg-Malbuch auf Aquarellpapier. Erhältlich ist es in der Porschhütte oder online unter www.kuenstlergruppe-porschehuette.de.

75 Die Postkutsche

Horus-Werk auf dem Wohltberg

Wer über den Wohltberg fährt und am Brandenburger Platz vorbei, dem fällt sie sofort auf: die riesige Postkutsche auf der Außenfassade eines Gebäudes. Ungewöhnlich für Wolfsburg, erwartet man doch an solchen Stellen eher etwas Motorisiertes oder Automobiles. Aber ein bisschen Abwechslung ist ja auch ganz nett und hilfreich.

1956 wurde hier an dieser Stelle das Postamt Wolfsburg 4 für den Stadtteil eröffnet. Deshalb ist die Postkutsche als Motiv durchaus passend gewählt. Für die Gestaltung der Außenfassade wurde der Kunstmaler Richard »Horus« Engels verpflichtet, der hier die riesige Kutsche an die Wand pinselte und diese so zu einem besonderen Wolfsburger Ort werden ließ. Denn Horus war kein gewöhnlicher Maler: Der gebürtige Londoner studierte in Paris, geriet 1941 in sowjetische Kriegsgefangenschaft und war ab 1948 in Wolfsburg als Künstler tätig. Seine Werke, wie etwa die Postkutsche, sind überall im Stadtgebiet verteilt, zum Beispiel auch im Rathaus oder in Fallersleben. Es gibt also eine tiefe Verbindung zu dem Mann mit dem in unseren Breiten ungewöhnlichen Namen eines ägyptischen Gottes.

Kurios: Ein Jahr nach der Postkutsche vom Brandenburger Platz illustrierte Horus Engels für J.R.R. Tolkien dessen Welterfolg »Der kleine Hobbit«. Ein berühmtes Werk, das den meisten Fantasy-Fans rund um den Globus natürlich ein Begriff ist.

Aber bleiben wir in Wolfsburg bei der Postkutsche. Die muss sich mit der Zeit im übertragenen Sinn ziemlich überflüssig vorgekommen sein, denn das Postamt 4 wurde irgendwann dichtgemacht, und so stand die Postkutsche ohne Postamt da. Die Brief- und Paketgeschäfte kann man inzwischen in einem benachbarten Kiosk erledigen.

Was bleibt, ist das riesige Bild der Postkutsche an der Außenfassade vom Brandenburger Platz auf dem Wohltberg – ein Bild mit bewegter Geschichte, gestaltet von Maler Horus.

Adresse Brandenburger Platz 20, 38440 Wolfsburg | **ÖPNV** Buslinie 201, 203, 204, Haltestelle Brandenburger Platz | **Tipp** Neben dem Postkutschenbild bietet der Brandenburger Platz ein paar Geschäfte, ein Eis-Café und einen Wochenmarkt. Ein paar Meter dahinter befindet sich auch ein kleiner Park mit dem Salzteich und dem gleichnamigen Kinderspielplatz.

76_Das Presswerk

Wo das Wolfsburger Herz schlägt

Ein Buch über Orte in Wolfsburg macht natürlich keinen Sinn ohne den Nukleus. Den Kern, um den sich in der Stadt des Automobils alles dreht: das Volkswagenwerk. In die vom Werksschutz gesicherte Anlage kommt man als Normalsterblicher nicht so ohne Weiteres hinein, schließlich gibt es da einiges von Wert, was es zu schützen gilt. Einfach über den Zaun klettern sollte man also nicht, aber das ist ja ohnehin klar. Am einfachsten gelingt ein Besuch per Werksführung. Denn so erreicht man am geschmeidigsten einen Ort, den man – neben zahlreichen andern – im Volkswagenwerk Wolfsburg wirklich gesehen haben sollte: das Presswerk.

Hier schlägt ohrenbetäubend tatsächlich das Herz von Wolfsburg. 2.600 Tonnen Stahlblech werden verarbeitet, etwa 420.000 Karosserieteile im wahrsten Sinn des Wortes frisch gepresst – Tag für Tag. Die gewaltigen Maschinen mit ihrer Presskraft von 7.700 Tonnen beeindrucken jeden Besucher dieser riesigen und lauten Halle. Ein Arbeitsplatz, an den man sich wahrscheinlich erst mal gewöhnen muss. Dass das Gebäude die gewaltigen Kräfte überhaupt aushält, wenn die Maschinen zu Werke gehen, ist den Fundamenten zu verdanken, die tief in der Erde verankert sind. Sonst würden im wahrsten Sinne dauerhaft die Wände wackeln.

Eine Industrieanlage für Türen, Deckel und Außenteile eines Autos – klingt profan, wird aber keinen uninteressiert zurücklassen, der hier mit dem »Bähnle« der Werksführung hindurchfährt. Nicht minder beeindruckend: die riesigen Stahlrollen, von denen das Material abgewickelt wird. Sie sehen fast aus wie Klebestreifen-Rollen eines Riesen, auch wenn das natürlich nur ein niedlicher Vergleich ist.

Und wer hier arbeitet, hat und benötigt in der Regel auch Nerven aus Stahl. Trotzdem: Wer als Besucher freundlich beim Vorbeifahren im Presswerk grüßt, dem wird meistens auch genauso freundlich zurückgewunken.

Adresse Tor 17 Volkswagenwerk, 38436 Wolfsburg-Autostadt | **ÖPNV** Buslinie 211, Haltestelle Wolfsburg Schachtweg | **Öffnungszeiten** in der Regel Mo–Fr, Kontakt über werktour@volkswagen.de, für eine intensive Werkstour etwa 90 Minuten einplanen | **Tipp** Eine Teilnahme ist erst ab zehn Jahren möglich. Für Kinder gibt es aber Spezialtouren.

77 Das Rathausdach

In alle vier Himmelsrichtungen

Nur wenige Meter unter den eigenen Füßen werden bei einem Besuch an diesem Ort die Geschicke der Stadt gelenkt: Das Rathaus von Wolfsburg ist natürlich in jedem Stadtführer vermerkt und gehört zu den bekanntesten Bauwerken in der City. Es steht eher im südlichen Teil der langen Fußgängerzone, der Porschestraße. Wer die City zu Fuß durchquert, kommt fast zwangsläufig dran vorbei, es zu übersehen ist fast unmöglich – nicht nur aus optischen, sondern auch aus akustischen Gründen, wegen des markanten Glockenspiels an der Außenfassade.

Doch das eigentlich Interessante an diesem Gebäude ist ganz oben: das Dach. Nach allen vier Himmelsrichtungen öffnet sich dem Besucher ein Panorama, das in Wolfsburg seinesgleichen sucht, zumindest in der Höhe und in der Lage so zentral in der Innenstadt. Das Besondere: Von hier kann man nicht nur auf die wesentlichen Sehenswürdigkeiten schauen, sondern auch bis zu den Ortsteilen und weiter entfernt liegenden Stadtteilen von Wolfsburg. Und das Schöne ist, dass jeder, der mag, hier mal den besagten Blick riskieren kann – insofern er oder sie schwindelfrei ist. Wenn nicht, kein Problem, man kommt nicht zwangsläufig in die Situation, über den Dachrand direkt nach unten zu schauen beziehungsweise sich da entlangzutasten. Wer sich aufs Rathausdach wagt, der muss sich auch nicht selbst orientieren oder das Handy zurate ziehen, auf was er denn da gerade blickt. Denn die installierten Infotafeln geben einen detaillierten Überblick, was der Besucher dort vor Augen hat, und zwar überall, in Norden, Osten, Süden und Westen.

Ebenfalls nützlich: Die Touristen müssen sich nicht vom Erdgeschoss durchs Treppenhaus kämpfen, sondern es fährt ein Aufzug bis in den neunten Stock des Rathauses. Von dort sind es noch wenige Treppenstufen bis aufs Dach der Wolfsburger Welt. Und dort sollte man in Wolfsburg natürlich auf alle Fälle mal gewesen sein.

Adresse Porschestraße 49, 38440 Wolfsburg | **ÖPNV** Buslinien 213 und 216, Haltestelle Wolfsburg Rathaus | **Öffnungszeiten** jeden 1. Sa im Monat kostenlose Führung auf das Rathausdach, Treffpunkt im Rathaus-Foyer um 11.45 Uhr, keine Anmeldung nötig | **Tipp** Direkt an das Rathaus grenzt nicht nur das Kulturzentrum Wolfsburgs mit der Stadtbibliothek an, sondern von hier sind es auch nur wenige Gehminuten zum Kunstmuseum oder zum Einkaufstempel City-Galerie.

78 Das Rittergut

Burchards Butze

Ritter Burchard von Marenholtz sagte von seinem Hof in Nordsteimke aus, wo es lang ging in Dorf und Umkreis. 1303 war das, Wolfsburg als Stadt gab es noch nicht. Aus dem Hof wurde ein richtiges Rittergut, voller Geschichte und Geschichten, historischen Gebäuden und einem munteren Wechsel an Adelsgeschlechtern, die sich hier über die Jahrhunderte verdingten. Und da ist es den Überlieferungen nach durchaus das ein oder andere Mal hoch hergegangen zu der Zeit, als Wolfsburg noch nicht Wolfsburg war. Und zwar noch lange nicht.

Mittlerweile gehört Nordsteimke zu Wolfsburg, und das Rittergut gibt es immer noch. Natürlich gehört es zu den Orten, an denen man in Wolfsburg mal gewesen sein muss. Inzwischen kann man dort in einem Yard Boarding Hotel auch wohnen – also quasi zu Besuch in Burchards Butze – oder im Restaurant die Gutsküche genießen. Und die ist durchaus schmackhaft und von der Machart bodenständige Kost.

Seit 1846 ist das Rittergut im Besitz des Wolfsburger Adelsgeschlechts der Grafen von der Schulenburg, das sich auch heute noch um den land- und forstwirtschaftlichen Betrieb kümmert. Der Besitz mit historischem Herrenhaus, Pferde- und Kuhstallungen ist mit dem Auto nur wenige Minuten vom Wolfsburger Stadtzentrum entfernt und soll auch zukünftig Anziehungspunkt bleiben, jedenfalls lauten so die kommunizierten Pläne. Dafür wird allerhand saniert und umgenutzt. Als Belohnung gab es vor einigen Jahren auch mal den Preis für Denkmalpflege. Eine tolle Sache!

Und Burchard? Der hätte das alles wohl gut gefunden. Er soll ein Mann gewesen sein, der in die Zukunft dachte und eine Weiterentwicklung immer im Blick hatte. Ritter sein reichte ihm angeblich irgendwann nicht mehr: 1348 sicherte er sich in Nordsteimke auch das Amt des Kirchenpatrons – herrschaftlicher Synergieeffekt sozusagen hervorragend genutzt.

Adresse Schulenburgstraße 8 - 10, 38446 Wolfsburg-Nordsteimke | ÖPNV Buslinien 215, 216, Haltestelle Nordsteimke | Tipp Wer sich für Heraldik interessiert, sollte unbedingt einen Blick auf die nördliche Außenmauer werfen: Hier sind die Wappen von gleich drei Adelsgeschlechtern abgebildet, die über das Rittergut geherrscht haben.

79 Der Rolling-Stones-Parkplatz

Wo Mick und Co. Wolfsburg rockten

Es ist heiliger Boden für alle Rockmusik-Fans der Stadt und Schauplatz des größten Musikereignisses in der Geschichte Wolfsburgs – wobei man fairerweise sagen muss, dass es davon auch nicht unbedingt unendlich viele in der Stadt gegeben hätte. Aber dieses Ding hatte es echt in sich. Und es fand ausgerechnet auf einem Parkplatz statt. Andererseits passt auch genau das wieder perfekt zu Wolfsburg.

In den 1990er Jahre beschloss Volkswagen, sich im Musik-Sponsoring zu engagieren: Pink Floyd, Genesis und Bon Jovi waren dabei, bekamen eine eigene Sonderedition des Golf. Auch auf ihren jeweiligen Tourneen wurden die Rockgrößen finanziell unterstützt. Wie viel Geld an dieser Stelle geflossen ist, weiß natürlich kaum einer – die Antwort liegt auf der »Dark Side of the Moon«, um im Bild zu bleiben. Der größte Coup war aber das Engagement der Rolling Stones. Die wurden gleich mal für ein Konzert ihrer »Voodoo Lounge Tour« in Wolfsburg zwangsverpflichtet. Schließlich ist die Stadt an der Aller nicht unbedingt erster Anlaufpunkt internationaler Musikriesen im Format eines Mick Jagger. Eine gewaltige Bombe war es, die damals hochging, als das Ereignis in Wolfsburg bekannt wurde.

Bei aller Vorfreude galt es dann doch, die ein oder andere logistische Herausforderung für einen Gig dieser Größe zu meistern. Die Wichtigste: Wo sollte man mit den erwarteten 90.000 Konzertbesuchern hin? Die Wahl fiel auf den riesigen Parkplatz an der Wache Ost des VW-Werks. Und so rockten Mick und seine Jungs Wolfsburg. Im strömenden Regen. Auf einem Parkplatz. Direkt am Mittellandkanal. Der Parkplatz existiert heute nur noch teilweise. Die Bühne mit der gewaltigen feuerspeienden Schlange als Designelement stand in etwa da, wo sich heute die Zufahrt zum Kundencenter der Autostadt befindet. Wer an diese Stelle kommt und ganz genau aufpasst, kann die Vibration von »Jumpin' Jack Flash« fast noch spüren.

Adresse Stadtbrücke, 38440 Wolfsburg-Autostadt | **ÖPNV** Buslinie 201, 202, 211, 213, Haltestelle Autostadt | **Tipp** Das Konzert der Rolling Stones in Wolfsburg ist in voller Länge auch auf YouTube anzusehen. Vielleicht als kleine Einstimmung …

80_Der Romantikpark

Lost in Landleben

Im Grunde ist es schade, dass dieser Ort in Wolfsburg ein Lost Place ist. Dafür aber ein sehr interessanter und beeindruckender. Direkt neben der Bundesstraße 188 kommen in Fahrtrichtung Wolfsburg auf der rechten Seite auf den ersten Blick wunderschöne Reetdachhäuser in den Blick. Diese gehören – oder vielmehr gehörten – zum Romantikpark Kästorf. Wobei Romantikpark vielleicht vom Titel her etwas hoch gegriffen gewesen sein mag. Um Nostalgie und Geschichte ging es nämlich eigentlich.

Im Jahr 2007 sollte hier ein gastronomischer Anziehungspunkt entstehen, der die Besucher nicht nur verköstigt, sondern ihnen auch einen Blick in die Vergangenheit ermöglicht. Historisch korrekt wurde hier ein altes niedersächsisches Dorf errichtet. Es sollte unter anderem gezeigt werden, wie das »Landleben« – so der Eröffnungstitel der Anlage – in vergangenen Zeiten so funktionierte. Leider funktionierte die Idee weit weniger gut als gedacht, das Landleben hatte nämlich kein Langleben. Und das ist mehr als schade.

Wegen Unwirtschaftlichkeit und letztlich Insolvenz der Betreiber war es mit dem romantischen Landleben an der B188 im Jahr 2012 dann vorbei. Was blieb, sind die Gebäude inmitten einer wuchernden Wiesen-und-Felder-Landschaft.

Seitdem ist immer wieder in der Diskussion, was man damit für Wolfsburgs Tourismus anfangen könnte. Das Gelände, das sogar eine eigene Bushaltestelle erhielt, liegt aber bislang brach und ist geschlossen, bleibt aber nicht nur für Vorbeifahrende immer noch ein Blickfang.

Immer wieder gibt es Gerüchte oder mal mehr oder weniger konkrete Pläne für eine neue Nutzung. Doch bis es eine Regelung gibt, gehört der verloren wirkende Romantikpark an der Bundesstraße 188 zu einem der besonderen und ungewöhnlichen Plätze in Wolfsburg. Wahrscheinlich ist hier aber das letzte Wort noch nicht gesprochen.

Adresse Kohlgärten 3, 38448 Wolfsburg-Kästorf | **ÖPNV** Buslinie 202, 222, Haltestelle Kästorf Landleben | **Tipp** Wenige Gehminuten entfernt ist auch der Mühlenteich im Wolfsburger Stadtteil Kreuzheide als schöne Möglichkeit für einen Spaziergang. Außerdem prallen am Landleben auch gut sichtbar Wolfsburger Vergangenheit mit dem historischen Ort Kästorf und die Zukunft mit der Volkswagen IT-City aufeinander.

81 Das Rückhaltebecken

Wolfsburgs perfekter Rundkurs

Zwei Rückhaltebecken gibt es in Wurfweite zur Autobahn 39, die Wolfsburg als wichtige Logistik- und Reisestrecke an die A2 anschließt. Klingt jetzt erst mal nicht besonders sexy oder nach einem Ort, den man gesehen haben sollte. Aber der Schatten der Autobahn ist hier deutlich weniger störend, als man annehmen sollte. Das Gegenteil ist bei den großen Rückhaltebecken am Hageberg der Fall. Denn hier findet der Besucher einen perfekten Rundkurs für Spaziergang, Gassigehen oder Jogging, wie es ihn in Wolfsburg selten gibt. Und dabei existieren rund um die Stadt einige schöne Ausflugsorte – doch die Gewässer am Hageberg sind noch mal ein besonderer Platz.

Das liegt vor allem daran, dass die Landschaft hier eher an einen schönen See mit ganz viel Grün erinnert denn an eine Behelfsanlage bei zu heftigen Regenfällen. Im Schatten der sogenannten »Auto-Uni« und deren moderner Architektur gelegen, ist die Wasseranlage am Hageberg auf alle Fälle einen Ausflug wert. Und das hat auch die Stadt erkannt: Die Rundstrecke um die beiden »Becken« wurde vor einigen Jahren komplett modernisiert. Gehwege wurden bewusst für die Bürgerinnen und Bürger nutzbar gemacht. 180.000 Euro ließ man sich das damals kosten. Doch wer das Ergebnis sieht, dürfte zu dem Schluss kommen: Die Investition hat sich gelohnt. Sogar Angeln ist hier am Gewässer möglich. Nebenbei erfüllen die Rückhaltebecken, offiziell sogar als »Talsperre Hageberg« bezeichnet, einen Sicherheitsaspekt gegen Überflutung. Nützlich ist das Ganze also auch noch. Der geneigte Spaziergänger merkt es kaum, aber eigentlich ist er auf einer echten Dammkrone unterwegs.

Angelegt wurden die Becken bereits Anfang der 1970er. Damals hatten die Erbauer allerdings wohl kaum die Erschaffung eines schönen Nahausflugsziels für den schon 1953 erbauten Stadtteil Hageberg im Sinn. Aber wie heißt es so schön: Unverhofft kommt oft.

Adresse Kölner Ring, 38440 Wolfsburg-Hageberg | ÖPNV Buslinie 203, 204, Haltestelle Wolfsburg Duisburger Straße | Anfahrt Anreise mit dem Auto grundsätzlich von zwei Seiten möglich, am besten über den Laagberg, da an der Heinrich-Nordhoff-Straße für den Zugang zu den Becken keine Parkplätze | Tipp Wer von seinem Spaziergang um die Rückhaltebecken noch nicht zu ermüdet ist, kann in östlicher Richtung marschieren: Dort befindet sich mit dem Salzteich ein weiteres Gewässer mit Grüngürtel und Kinderspielplatz.

82 Der Sara-Frenkel-Platz

Gegen das Vergessen

Es ist ja eher ungewöhnlich, dass Straßen und Plätze nach noch lebenden Personen benannt werden. Wenn doch, dann muss das einen wichtigen Grund haben. Auch Wolfsburg hat mit dem Sara-Frenkel-Platz so einen Ort, der von der Namensgeberin im Jahr 2010 sogar persönlich eingeweiht wurde. Dabei ist Sara Frenkel gar keine Wolfsburgerin, sondern wurde in Lublin geboren. Die Geschichte dahinter, und wie es dann zu dem besonderen Ort gekommen ist, ist wichtig und sollte erzählt werden.

Sara ist Überlebende des Holocaust und kam als Zwangsarbeiterin nach Wolfsburg, um im Volkswagenwerk zu arbeiten. Ein dunkles Kapitel in der Stadt- und Unternehmensgeschichte, das aber niemals in Vergessenheit geraten darf. Deshalb engagieren sich die Stadt Wolfsburg und Volkswagen sehr stark in diesem Bereich, und das mit zahlreichen Aktionen. Weiteres Beispiel: Auszubildende von VW kümmern sich seit Jahren um die Gedenkstätte in Auschwitz. Aber auch in Wolfsburg selbst wird das Andenken der Opfer in Ehren gehalten. Mit der Errichtung des Zwangsarbeiterdenkmals auf dem neuen Sara-Frenkel-Platz erhielt dieses Gedenken dann auch vor einigen Jahren einen deutlich sichtbaren Platz in der Wolfsburger Innenstadt. Sara Frenkel wurde geehrt, weil sie sich bis heute gegen das Vergessen des Leids der Zwangsarbeiter einsetzt und zeit ihres Lebens die Stimme erhob. Neben dem Platz wurde auch ein Preis für Respekt und Zivilcourage ins Leben gerufen und 2019 das erste Mal an sie selbst verliehen. Respekt und Zivilcourage – zwei Dinge, die uns im Kampf um Demokratie und Menschenrechte nie wieder in Deutschland abhandenkommen dürfen. Das Denkmal auf dem Sara-Frenkel-Platz wurde übrigens vom Sohn und der Schwiegertochter des ehemaligen Bundespräsidenten Richard von Weizsäcker gefertigt. Es zeigt die Nachbildung eines Baums, in dem ein russischer Zwangsarbeiter Gravuren hinterlassen hatte.

Adresse Sara-Frenkel-Platz, 38442 Wolfsburg | ÖPNV Buslinie 201 – 204, Haltestelle Wolfsburg ZOB | Tipp Der Sara-Frenkel-Platz liegt direkt am Nordkopf, dem nördlichen Eingang zur Porschestraße mit seiner Fußgängerzone. Fußläufig sind außerdem die Autostadt und der Hauptbahnhof zu erreichen.

83__Der Saunaclub

Tanzen im Hallenbad, bis es tropft

Die Club-Szene in Wolfsburg ist überschaubar, um es positiv auszudrücken. Trotzdem gibt es Orte, die das Nachtleben bereichern und die man in Wolfsburg besucht haben sollte. Schließlich möchte man sich auch mal tänzerisch zumindest am Wochenende den Staub aus den Gelenken schütteln oder einfach gepflegt einen draufmachen. Hierfür bedarf es aber bekanntermaßen einer passenden Location. Dazu gehört in Wolfsburg mit Sicherheit der Saunaclub. Was sich erst mal schlüpfrig anhört, ist in Wahrheit Urban-Style vom Feinsten – oder das, was man in Wolfsburg dazu gemacht hat.

In den Katakomben eines ehemaligen Hallenbads am Schachtweg und den Räumen eines bekannten Ex-Jugendzentrums findet hier der geneigte Besucher die Möglichkeit, die Nacht durchzutanzen.

Wo früher Schwimmer ihre Bahnen zogen oder Anfänger ihr Seepferdchen in den oberen Etagen in den Becken absolvierten, kann man jetzt seit einigen Jahren im Basement in die Disco gehen. 90 Quadratmeter, niedrige Decken, Keller-Club-Atmosphäre mit wummernden Bässen der DJs (stilecht noch vom Plattenteller) oder Live-Musik, häufig mit Indie-Touch – ein Ort, der am Anfang wahrscheinlich nur Insidern bekannt war. Inzwischen finden hier 200 Gäste Platz, mitunter kann es durchaus eng werden.

Das ist aber gewünscht oder gar beabsichtigt, denn so entsteht auch temperaturmäßig ein echtes Saunaclub-Gefühl, wo mitunter das Kondenswasser von der Decke tropft, feucht-fröhliches Partygefühl für alle inklusive.

Mainstream und Charts sucht man hier allerdings vergeblich: Indie, Funk, Reggae und diverses Elektro-Musikmaterial klingen aus den Lautsprechern, was aber kein Nachteil für die Nachtschwärmer ist. Entsprechend ist auch das Publikum weiterhin etwas alternativ, aber herzlich und in der Regel sehr entspannt. Definitiv ein bunter und erlebenswerter Punkt in Wolfsburgs Nachtleben.

Adresse Schachtweg 31, 38440 Wolfsburg | **ÖPNV** Buslinie 211, Haltestelle Wolfsburg Berufsschulzentrum | **Öffnungszeiten** Programm siehe www.hallenbad.de/programm-tickets | **Tipp** Häufig ist der Sauna-Club Schauplatz von Aftershow-Partys nach größeren Veranstaltungen in der Stadt. Hier lohnt es sich, die Augen offen zu halten, da sich bei diesen Feiern meist ein ganz besonderer Spirit entwickelt.

84 Das Schillerteichcenter

Wolfsburgs markantestes Hochhaus

Der Blick vom Dach des Schillerteichcenters gehört zu den schönsten Wolfsburger Eindrücken, die man bekommen kann. Wenn man lieb bei der Hausverwaltung oder einem Anwohner fragt, erhält man mit etwas Glück Zugang und kann sich vor allem als Hobbyfotograf so richtig ausleben. Bis zum Harz reicht hier an guten Tagen die Sicht – in die andere Richtung bis zur Lüneburger Heide. Aber natürlich sieht man auch all das, was von oben rund um Wolfsburg interessant ist. Doch auch unabhängig vom Ausblick ist das Schillerteichcenter definitiv wegen seiner Einzigartigkeit einer der Orte, an denen man in Wolfsburg gewesen sein sollte.

57 Meter hoch und 110 Meter lang ragt der weiße Koloss über den Schillerteich und den gleichnamigen Stadtteil hinaus – groß und in seiner Präsenz durchaus beeindruckend. Über 170 Wohneinheiten, die meisten mit einem grandiosen Blick über die Stadt, gibt es hier. Unten haben zahlreiche Firmen und sogar eine Tanzschule ihren Sitz. Hier haben schon Generationen von Wolfsburgern Walzer, Tango oder Foxtrott gelernt.

Das wohl markanteste Hochhaus Wolfsburgs ist ein echter 70er-Jahre-Schlager: Drei Jahre lang wurde es von 1972 bis 1975 errichtet. Klar, dass seitdem mal eine »Runderneuerung« fällig war, um Korrosion zu vermeiden. Trotzdem behielt der Komplex seine Eindrücklichkeit. Vielleicht keine, die einen Architekturpreis erhält, aber dennoch zählt er zu den bildprägendsten Gebäuden im Stadtgebiet. Das Schillerteichcenter hat sogar einen eigenen Wellnessbereich mit Schwimmbecken, Sauna und Sportraum zur Freizeitgestaltung.

Ursprünglich war von den Architekten Haarstick und Toussaint ein Komplex mit drei Gebäuden geplant, umgesetzt wurde nur das erste. Es steht auf dem Areal einer alten Mühle, die dem Neubau damals weichen musste. Die Adresse des Schillerteichcenters, Am Mühlengraben, weist aber bis heute auf die Geschichte hin.

Adresse Am Mühlengraben 22, 38440 Wolfsburg | **ÖPNV** Buslinie 203, 204, Haltestelle Wolfsburg Kiebitzweg | **Tipp** In unmittelbarer Nähe des Schillerteichcenters befinden sich auch einige Restaurants, Bars und Cafés sowie mehrere Kinderspielplätze.

85 Die Schleusenkammer Nord

Feuchtes Kulturdenkmal

Neun Meter Höhenunterschied muss Deutschlands längste künstliche Wasserstraße, der Mittellandkanal, an dieser Stelle überwinden. Entsprechend ist die Schleuse in Sülfeld ohnehin schon ein technisches Meisterwerk. 1938 eingeweiht, ermöglichte sie Wolfsburg erst den Schiffsverkehr und den Aufschwung – denn gerade der Wasserweg war wichtig für die wirtschaftliche Entwicklung, besonders was die Versorgung und den »Export« aus der Stadt anging.

Deswegen sollte jeder mal einen Blick in die Nordkammer der Sülfelder Schleuse geworfen haben, denn hier fing quasi in Sachen Warenverkehr für die Stadt alles an. Ebenfalls beeindruckend an der Nordkammer: die dazugehörigen sechs Sparbecken in Form eines Septagons, also mit sieben Ecken, wenn man genau nachzählt. Die Anlage musste immer wieder saniert und teilweise auch erneuert werden, was bei der starken Beanspruchung in den vielen Jahren auch nicht ausbleiben kann. Der Schiffsverkehr wuchs stetig und damit auch die Ansprüche an das Schleusenwerk, dem man sich von mehreren Seiten nähern kann. In der Regel sind beide Seiten der Wasserstraße zumindest begehbar.

2008 wurde beispielsweise ein Neubau in Betrieb genommen. Dennoch wurde die Sülfelder Schleuse insgesamt inzwischen zu einem Wolfsburger Kulturdenkmal erklärt, was die Bedeutung der Anlage noch einmal deutlich unterstreicht. Es ist jedes Mal ein Ereignis, wenn einer der großen Pötte in Zentimeterarbeit in die über 200 Meter lange Schleuse einfährt und dann das Wasser hoch- oder abgepumpt wird, um die Weiterfahrt zu ermöglichen. Das passiert täglich natürlich zigmal, trotzdem kann man es sich immer wieder fasziniert anschauen.

Kurios: Durch die Binnenschifffahrtsordnung ist geregelt, dass es sich an der Sülfelder Schleuse in Fahrtrichtung Osten um eine »Bergfahrt« handelt – bei eigentlich flachem Land.

Adresse Schleusensiedlung 52, 38442 Wolfsburg-Sülfeld | **ÖPNV** Buslinie 159, 180, Haltestelle Schleusensiedlung | **Tipp** Eine Anfahrt zum Besucherparkplatz am Nordufer der Schleuse ist nur über die Ortschaft Allerbüttel möglich. Die Stadt Wolfsburg veranstaltet hier auch regelmäßig öffentliche Führungen.

86 Der Schlossteich

Die lebende Postkarte

Hoffmann von Fallersleben hat den Text für die deutsche Nationalhymne geschrieben und gehört nicht nur deshalb zu den berühmtesten Wolfsburgern der Geschichte. Auch wenn er dies 1841 auf der Insel Helgoland tat und nicht in seinem Geburtshaus in Downtown Fallersleben, ist seine Dichtkunst natürlich in der Historie von höchster Bedeutung. Sein Andenken wird in dem Wolfsburger Ortsteil entsprechend besonders in Ehren gehalten. Zusammen mit der alten österreichischen Kaiserhymne des Komponisten Joseph Haydn von 1796 ergibt der Hoffmann-Text bekanntlich das staatstragende Musikstück. Das Lied der Deutschen und die historischen Begleitumstände sind hier in Fallersleben dann auch kulturell allgegenwärtig, etwa im eigens eingerichteten Hoffmann-von-Fallersleben-Museum.

Zum 175. Jubiläum des Deutschlandliedes wurde extra ein Ort geschaffen, der den geschichtlichen Ereignissen einen besonderen Rahmen verleiht. Im wahrsten Sinn des Wortes. So steht am Ufer des Fallersleber Schlossteichs ein Gedenkrahmen, in den die Worte eingraviert wurden, die wahrscheinlich jeder in Deutschland kennt: »Einigkeit und Recht und Freiheit«. Der gesamte Text der dritten Strophe hätte wahrscheinlich buchstäblich den Rahmen gesprengt, trotzdem wird der Sinn der Installation schon auf den ersten Blick deutlich. Der Rahmen ist sozusagen eine überlebensgroße Postkarte, die als Fotomotiv genutzt werden kann – von Brautpaaren, Besuchern oder auch Familien als Erinnerungsbild. Der Hintergrund der Postkarte ist mit dem Schlossteich nebst zugehöriger Fontäne zwar immer gleich, aber durchaus malerisch. Und mit der Botschaft der gezeigten Grundwerte hat ein gemachtes und anschließend verschicktes Foto gleichzeitig einen symbolischen, tieferen Wert.

Übrigens: Heinrich Hoffmann von Fallersleben war selbst musikalisch und schrieb viele bekannte Kinderlieder, darunter »Ein Männlein steht im Walde«.

Adresse Am Alten Brauhaus 9, 38442 Wolfsburg-Fallersleben | **ÖPNV** Buslinie 213, Haltestelle Altes Brauhaus | **Tipp** Der Gedenkrahmen steht im Schlosspark, der sich hervorragend für einen kurzen Spaziergang eignet. Unmittelbar erreichbar sind auch das Brauhaus, das Fallersleber Schloss mit Museum und ein beliebter Kinderspielplatz mit Piratenschiff-Klettergerüst.

87 Das Schulenburg-Grab

Letzte Ruhestätte von Wolfsburgs Adelsgeschlecht

Als Wolfsburg noch nicht Wolfsburg war, hatte ein Adelsgeschlecht maßgeblichen Anteil an der Entwicklung der Region. Die Rede ist von der Familie von der Schulenburg, die um 1746 auch in den Besitz der Wolfsburger Schlossanlage kam und sich hier häuslich niederließ. Jeder braucht schließlich ein schickes Zuhause. Der Familienzweig entwickelte sich und prägte Land und Leute nachhaltig, ist also für die Geschichte Wolfsburgs ein wesentlicher Faktor gewesen – einer, der bis heute spürbar ist. Entsprechend haben die von der Schulenburgs mehrere Orte in Wolfsburg hinterlassen, an denen man als geschichtlich Interessierter oder Besucher gewesen sein sollte.

Dazu gehört mit Sicherheit auch die Familiengrabstätte auf dem Friedhof in Rothenfelde, einem der historischen Stadtteile in Wolfsburg, der 1813 in unmittelbarer Nachbarschaft zu Heßlingen gegründet wurde. Das älteste Grabmal dort ist von Friedrich Gebhard Werner Graf von der Schulenburg-Wolfsburg. Er gründete damals die Kolonie Rothenfelde, die somit so etwas wie eine der Keimzellen der Stadt Wolfsburg ist. Zumindest gehört der zentrale Stadtteil dort zu den ältesten. Anfang des 19. Jahrhunderts wurde er als Wohnort für Arbeitskräfte des Ritterguts Wolfsburg errichtet und trug so dazu bei, dass sich hier später eine neue Stadt erhob. Aber alles fing auch hier erst mal klein an, mit etwa einem Dutzend Wohnhäusern und einer Straße.

Die Verbindung zwischen der Kirche und den Schulenburgs war in Wolfsburg übrigens immer schon sehr ausgeprägt: Sie waren nicht nur Edelleute, sondern besaßen rund um Wolfsburg zahlreiche Kirchenpatronate. Das Grabmal des Schlossherrn auf dem Friedhof in Rothenfelde ist bis heute gut erhalten und öffentlich zugänglich. Gleiches gilt für die anderen Grabmäler der Schulenburg-Familie aus den Jahren 1861 bis 1976. In jedem Fall also ein geschichtsträchtiger Ort.

Adresse Rothenfelder Markt, 38440 Wolfsburg-Rothenfelde | **ÖPNV** Buslinie 383, Haltestelle Wolfsburg Amtsgericht | **Tipp** Wer sich für die Geschichte der Schulenburgs und auch deren Grabmäler interessiert: In der Nähe des Schlosses in der St.-Marien-Kirche gibt es unter dem Glockenturm eine Familiengruft.

88 Die Schwinkermühle

Plätscherndes Schmuckstückchen

Besondere Orte in Wolfsburg sind in der Regel industriell oder modern geprägt. Es sei denn, man fährt in die umliegenden Ortsteile und taucht tief in die Historie der Gebäude und Landschaft ein. Das ist durchaus lohnenswert. Denn dann stößt man auch auf echte Schmuckstückchen, die meistens etwas mit Landwirtschaft, Handwerk und Wasser zu tun haben – prägende Faktoren in den frühen Zeiten der Wolfsburger Wirtschaft beziehungsweise in den Ortsteilen, die später Wolfsburg zur Großstadt machten.

Fast jeder Ortsteil kann etwa auf eine echte Mühle verweisen, die wesentlich zum (Über-)Leben des Dorfes in früheren Zeiten beigetragen hat. Auch wenn man sich heute nicht mehr vorstellen kann, wie wichtig dieser Faktor für die Menschen aus der damaligen Zeit gewesen ist. Häufig entschied sich genau hier, ob man Hunger leiden musste oder nicht. Doch diese Zeiten sind zum Glück für die Dorfbewohner vorbei. Heute sind es im Wesentlichen idyllische Orte, die in Wolfsburg und Umgebung nicht jeder auf dem Zettel hat.

Einer dieser idyllischen Orte ist mit Sicherheit auch die Schwinkermühle in Heiligendorf. Etwas außerhalb des Ortskerns auf den Schunterwiesen gelegen, fühlt man sich sofort ein paar Jahrhunderte zurückversetzt, wenn man die Gegend durchstreift. 1317 ist die heute stillgelegte Wassermühle erstmals urkundlich erwähnt worden, sie hat also schon einige Zeit der stetigen Arbeit auf dem Buckel.

Mehrere Jahrhunderte tat sie treu ihren Dienst für Heiligendorf und die hiesige Umgebung. Die Siedlung soll übrigens bereits zwischen 500 und 800 nach Christi Geburt gegründet worden sein – wohl damals noch ohne Mühle. Das markante Fachwerkhaus, das über eine alte Steinbrücke zu erreichen ist, gehört zu den weniger bekannten Orten in Wolfsburg, ist aber Teil der Stadtbeziehungsweise Ortsteil-Historie. Ein plätscherndes Schmuckstückchen halt.

Adresse Schwinkermühle 2, 38444 Wolfsburg-Heiligendorf | ÖPNV Buslinie 218, 230, 231, Haltestelle Hattorf Osterberg | Öffnungszeiten keine, die Schwinkermühle ist ein Privathaus, dennoch kann man das Gelände rund um das historische Gebäude erkunden und einen Blick riskieren | Tipp Im Gespräch ist auch, aus der alten Mühle ein Brauchtumsmuseum zu machen. Nicht nur die Schwinkermühle ist was für Nostalgiker: Die St.-Adrian-Kirche in Heiligendorf geht auf das 10. Jahrhundert zurück, auch das Gemeindehaus in der Klöppelnstraße als Fachwerkbau mit Nebengebäuden und Bauernhof ist sehenswert und ein Kulturdenkmal.

89 Die Sofa-Lounges

Wie im Wohnzimmer

Seit fast 30 Jahren verschlägt es Feierfreudige an den Wochenenden in die »Planade«, wie der Club Esplanade von den Wolfsburgern gemeinhin genannt wird. Selbstbewusst nennt sich der Laden »The First Club in Town«, und nicht nur damit setzt er in Wolfsburg ein Statement. Das Besondere an diesem Ort: die Wohnzimmer-Atmosphäre mit Tanzfläche in der Mitte – etwas ungewöhnlich, aber durchaus zweckdienlich. Denn das Geschehen kann nicht nur vom Rand, sondern auch von einem Platz mit ganz besonderer Charakteristik beobachtet werden: den Sofa-Lounges, also Sitzecken mit Flair und Komfort. Die sind sogar stilecht wie eine VIP-Loge mit Absperrkette vom Rest des Partyvolks getrennt, was durchaus seine Vorteile hat, wenn man sich durch die pulsierende Menge schieben durfte. Hier kann man sich vom Tanzen zu House-, Disco- und Elektroklängen erholen, quatschen oder sich einfach mal wichtiger fühlen als im normalen Leben.

Das Besondere: Jeder kann die Lounges »mieten« und sich so seinen Platz im Club sichern. Denn der ist keineswegs immer garantiert. Die Größe des Esplanade ist nämlich überschaubar und damit die Zahl der zugelassenen Besucher, auch wenn man jetzt nicht sagen kann, dass Otto-Normalbürger gar keine Chance auf Einlass hat. Trotzdem ist es in der Hütte meistens »kuschelig«. Deswegen ist der Begriff »Wohnzimmer-Atmosphäre« nicht nur ein Synonym für Gemütlichkeit, sondern auch für das Platzangebot. Doch wer auf Nähe und Nebel steht und nichts gegen laute Musik hat, der ist in der »Planade« auf jeden Fall richtig und sollte sich gegen Mitternacht dorthin aufmachen.

Die Sofa-Lounges gab es übrigens nicht immer in der langen Geschichte des Clubs, sie sind das Resultat mehrerer Umbauten. Die haben sich gelohnt, denn während viele Discos in Wolfsburg inzwischen das Zeitliche gesegnet haben, gibt es das oder die Esplanade immer noch.

Adresse Esplanade, Wielandstraße 3, 38440 Wolfsburg | ÖPNV Buslinie 212, Haltestelle Wolfsburg Schubertring | Öffnungszeiten Fr, Sa 23–5 Uhr, www.esplana.de | Tipp Traditionell haben Geburtstagskinder mit Begleitperson freien Eintritt. Die Sofa-Lounges können – inklusive Getränkeangebot – über die entsprechende Homepage des Clubs vorbestellt werden.

90_Die Spitzkehre

Bestes Wasserpanorama

Wer hier herkommt, den erwartet etwas Unerwartetes. Normalerweise bedarf es für einen schönen Überblick einer etwas gehobeneren Position. Nicht so an der Spitzkehre im Wolfsburger Wakepark. Auf einem eigens angelegten Holzsteg mit dazugehöriger Bank breitet sich eine der schönsten künstlich angelegten Wasserflächen in Wolfsburg vor einem aus und gibt gleichzeitig den Blick frei auf bekannte Sehenswürdigkeiten der Stadt. Woanders müsste man dafür wahrscheinlich Eintritt zahlen.

Vor allem das Schloss erhebt sich von hier betrachtet geradezu majestätisch und schön hinter dem satten Grün der Bäume jenseits der Anlage im Allerpark. Die wurde ursprünglich für eine Gartenausstellung angelegt und lockte zahlreiche Besucher nach Wolfsburg. 2004 war das. Damals entstand im Allerpark die ein oder andere Attraktion, die überdauert hat.

Wie eben der angelegte See, über den die Wakeboarder oder Wasserskiläufer gezogen werden. Und das lohnt sich für alle Besucher: Neben der sportlichen Herausforderung bietet die Spitzkehre nämlich nicht nur das schönste, sondern wahrscheinlich auch das unterhaltsamste Wasserpanorama der Gegend. Durch die Wakeboard- und Wasserski-Sportler wird dem Besucher einiges geboten, vom artistischen Kunststück bis zum Bauchklatscher. Denn genau an dieser Stelle müssen die Wasser-Artisten beidrehen auf der 568 Meter langen Bahn – der eine Bretterkönig mehr oder weniger gekonnt als der andere.

Der Wakepark ist die einzige 6-Mast-Anlage in Europa an einem künstlichen See. Abgerundet wird das Ganze durch einige Sprunghindernisse, wo es ebenfalls zu Ganzkörper-Wasserkontakt kommen kann. Aber keine Angst: Wer sich hier an der Spitzkehre einen Blick gönnt, muss nicht gleich als Rettungsschwimmer ran: Die Wassertiefe beträgt an dieser Stelle nur 1,20 Meter. Da schaffen es die gefallenen Sportler also in der Regel selbst, sich an das nahegelegene Ufer zu retten.

Adresse Berliner Ring 1, 38446 Wolfsburg-Hellwinkel | **ÖPNV** Buslinien 201, 202, Haltestelle Wolfsburg Schloss | **Tipp** Im benachbarten Beachclub steigen im Sommer auch einige Barbecue-Partys. Außerdem kann das Gelände der ehemaligen Gartenschau durchwandert werden.

91 Der Stadtbrücke-Skywalk

Perfekter Blick mit 7-Meilen-Stiefeln

Es gibt nicht viele Orte in Wolfsburg, die einen perfekten 360-Grad-Blick bieten. Den wahrscheinlich besten hat aber die Stadtbrücke über den Mittellandkanal zu bieten. Von 1999 bis 2000 für damalig stattliche 18 Millionen Mark erbaut, ist sie der stahlgewordene Brückenschlag von der Wolfsburger City zur Autostadt von Volkswagen. Und dieser Brückenschlag war jahrelang alles andere als selbstverständlich.

Auf so einem Weg dem Werksgelände nahezukommen, war einfach nicht vorgesehen. Der Kanal bildete so etwas wie einen Burggraben – ohne Zugbrücke. Zugang gab es in der Regel nur für Arbeiter im Schichtbetrieb durch die Tunnel oder am Rand gelegenen Torwachen, aber nicht für normale Passanten.

Die Stadtbrücke zur Autostadt änderte das optisch eindrucksvoll: 245 Meter sind dabei zurückzulegen. Dabei hilft eine Technologie, die sonst eher an Flughäfen für längere Strecken zwischen den Terminals eingesetzt wird: ein Skywalk. Auf den in die Brücke eingelassenen Laufbändern ist der Besucher gefühlt mit 7-Meilen-Stiefeln unterwegs, so schnell geht die Überquerung. Nicht nur eine Erleichterung für Fußkranke, sondern ein echter Spaß, denn so hat man wahrscheinlich noch nie eine Brücke überquert.

In der Mitte des Bauwerks steht der Besucher direkt über dem Mittellandkanal, der darunter wie an der Schnur gezogen verläuft. Hier offenbart sich dann auch der bereits erwähnte, sehr lohnende 360-Grad-Blick. Fast alle Wolfsburger Sehenswürdigkeiten der Kernstadt sind hier mit einer Drehung zu erfassen: Werk, Autostadt, Schloss, Arena und der Nordbereich der Wolfsburger City samt Hauptbahnhof – alles im Grunde auf einen Blick. Der Fotoapparat sollte entsprechend griffbereit sein, denn so viel Vorzeigbares auf einmal bekommt man in Wolfsburg nicht so häufig geboten. Und um an diese Stelle zu kommen, muss man nicht mal körperliche Anstrengungen in Kauf nehmen, dem Skywalk sei Dank.

Adresse Stadtbrücke, 38436 Wolfsburg, Geodaten 52°25'50.4"N 10°47'33.4"E | ÖPNV Buslinien 201–204, 211–213, Haltestelle Wolfsburg Stadtwerke | Tipp Ein Besuch lohnt sich vor allem zu Sonnenauf- oder Sonnenuntergang. Dann steht die Sonne fast in der Längsachse des Mittellandkanals und sorgt für ein tolles Lichtpanorama.

92 Der Steg-Biergarten

Auszeit auf dem Allersee

Nur über einen Steg gelangt man zu dem wohl interessantesten Biergarten in Wolfsburg. Dieser liegt auf einer künstlichen Insel und heißt entsprechend auch so: Die Insel. Die pontonartige Konstruktion schwimmt vor dem Nordufer des Allersees und bietet Gästen auf 225 Quadratmetern ausreichend Platz für eine kleine Auszeit mitten auf dem Wasser – ein Erlebnis, das in Wolfsburg nicht zum Standard gehört. Chillen, den Segelbooten auf dem See zuschauen oder einfach nur einen Cocktail genießen, dazu hat man hier reichlich Gelegenheit.

Der Allersee, Wolfsburgs Vorzeige-See, entstand durch eine Verlegung des gleichnamigen Flusses und Bagger-Einsatz. 1971 gab es eine Eröffnungsfeier für die Wolfsburger Einwohner. Und eigentlich gab es sogar Pläne, den See bis zum Ortsteil Vorsfelde zu erweitern. Das wurde aber schließlich doch verworfen. 2007 wurde der Biergarten eröffnet, er gehört zum Kolumbianischen Pavillon am Ufer. Das Gebäude fällt jedem Besucher sofort auf und ist durchaus als Zeuge zeitgenössischer Geschichte zu bezeichnen: Im Jahr 2000 stand der Pavillon als Besucherzentrum für das Land Kolumbien auf der EXPO in Hannover. Die Gebäude gehörten zu den Highlights der Veranstaltung in der niedersächsischen Landeshauptstadt. Nach der Weltausstellung fand das Haus mit seiner spannenden Architektur eine neue Heimat in Wolfsburg. Ein kurzer Ausflug mit südamerikanischem Flair ist also absolut möglich. Hier ist auch ein Restaurant angesiedelt, und zusätzlich zur Insel gibt es noch eine riesige Außenterrasse von 1.000 Quadratmetern – alles ebenfalls für rauschende Feiern buchbar.

Abgerundet wird das Ganze durch einen weißen Sandstrand, der echtes Urlaubsflair vermittelt. Das gesamte Ambiente sucht in Wolfsburg und Umgebung mit Sicherheit seinesgleichen und gehört definitiv zu den Orten der Stadt, bei denen man vorbeischauen sollte.

Adresse Allerpark 12, 38448 Wolfsburg | ÖPNV Buslinie 213, Haltestelle Wolfsburg Badeland | Öffnungszeiten Informationen auf www.kolumbianischer-pavillon.de | Tipp Die Location kann auch als besondere Business- oder Konferenzräumlichkeit gebucht werden. Außerdem gibt es eine hauseigene Konditorei und auf der Insel eine Lounge Bar.

93__Die Stehtribüne

Eishockey mit besonderem Blickwinkel

Eishockey gilt ja als der schnellste Mannschaftssport der Welt. Die Pucks können bis zu 170 Stundenkilometer erreichen. Da braucht man als Frau oder Mann vor allem im Tor starke Nerven für diesen Sport. Und der wird auf Spitzenniveau auch in Wolfsburg betrieben – ein weiterer Beweis, dass es sich hier um eine echte und tolle Sportstadt handelt.

Die Grizzlys Wolfsburg sind das örtliche Bundesliga-Team (oder auch DEL-Team) und flitzen nicht nur gekonnt, sondern in der Regel auch erfolgreich übers Eis, regelmäßige Playoff-Teilnahmen inklusive. Ihre Heimat ist die Eisarena Wolfsburg, früher Eispalast. Doch so richtig palastartig war das gelbe Gebäude einen Steinwurf vom Allersee entfernt damals eigentlich nicht. Für moderne Arena-Ansprüche musste also 2006 ein Umbau her, damit auf und neben dem Eis möglichst alles professionell ablaufen kann. Und das ist absolut wichtig.

Für das richtige Wolfsburger Sportfeeling besucht man natürlich ein Spiel der Grizzlys. Und das verfolgt man nicht sitzend, sondern am besten im Stehen. Das hat gute Tradition. Trotz der Modernisierung sind die 1.500 vorhandenen Stehplätze in Wolfsburg eher ungewöhnlich angeordnet und voneinander getrennt. So hat man gleich an mehreren Orten die Möglichkeit, in der Eisarena das Spiel stehend zu verfolgen: im Fanblock hinter dem Tor, im Gästeblock und auf der Gegengeraden hinter den Sitzplätzen. Und dort sollte man in Wolfsburg auf alle Fälle einmal gewesen sein, nicht nur, weil hier die Eintrittspreise am günstigsten sind. Es ermöglicht Eishockey aus einem besonderen Blickwinkel, denn ab und zu muss man auch ein bisschen den Hals recken, um dem Puck folgen zu können. Aber das macht nichts, so bleibt man wenigstens selbst in Bewegung. Gleichzeitig bekommt man im stehenden Zuschauerpulk auch ein tolles Wolfsburger Sporterlebnis und Gemeinschaftsgefühl geboten.

Adresse Allerpark 5, 38448 Wolfsburg | **ÖPNV** Buslinie 213, Haltestelle Wolfsburg Badeland | **Öffnungszeiten** Infos und Tickets auf www.grizzlys.de/eis-arena.html | **Tipp** Die Zufahrt zur Eisarena ist eine Sackgasse, und die dortigen wenigen Parkplätze sind kostenpflichtig. Es empfiehlt sich, nicht direkt dort zu parken, sondern auf die kostenfreien Parkmöglichkeiten jenseits der Allerbrücke auszuweichen und ein paar Meter zu Fuß zu gehen. Vor den Spielen der Grizzlys lohnt sich auch ein Besuch des Platzes an der Eisarena, wo sich die Fans auf die Matches friedlich einstimmen.

94 Das Tankumsee-Nordufer

Wolfsburgs Copa

Zugegeben, der Tankumsee gehört genau genommen nicht zum Wolfsburger Stadtgebiet, sondern zum Landkreis Gifhorn. Da es sich bei dem 1972 entstandenen See aber um ein besonders von Wolfsburgern genutztes Naherholungsgebiet handelt, wollen wir in diesem Fall eine berechtigte Ausnahme machen.

Es wird wahrscheinlich aber auch nicht die Bücherpolizei auftauchen und diesen Punkt beanstanden. Denn das Nordufer mit seiner geschwungenen Uferführung, dem breiten Sandstrand und dem offenen Blick auf Wasser und Natur ist definitiv ein Ort, den ein Wolfsburger kennen sollte. Angesichts langer Autoschlangen auf den begrenzten Zufahrtsstraßen kann man übrigens auch davon ausgehen, dass er vor allem im Sommer eine gewisse Anziehungskraft entwickelt.

Und das liegt vor allem an einem Ort des Tankumsees. Im Grunde kann man auch von Wolfsburgs Copacabana sprechen, zieht sich das Nordufer doch in einer markanten Kurve wie bei einer malerischen großen Bucht. 222 Hektar ist das als »Erlebniswelt Tankumsee« propagierte Areal groß, davon misst die Wasserfläche allein 62 Hektar inmitten des Naturschutzgebietes Barnbruch. Das für viele Tier- und Pflanzenarten wichtige Feuchtgebiet der Region liegt zur Hälfte auf Wolfsburger, zur Hälfte auf Gifhorner Gebiet.

Östlich des Sees verläuft der Elbe-Seitenkanal, bei dessen Bau Anfang der 1979er Jahre der Tankumsee erst angelegt wurde – und das war eine gute Idee. Inzwischen gibt es hier jede Menge Attraktionen und Freizeitmöglichkeiten für die Besucher, vom Campingplatz über Ferienhäuser bis hin zu allerlei Wassersport wie Tauchen und Bootfahren.

Der weiße, lange Sandstrand rund um das Nordufer lädt geradezu zum Barfuß-Spaziergang oder zum Bau von Sandburgen ein. Eingefasst ist der See von dichten Kiefernwäldern, die das schöne Naturbild nicht nur am Nordufer abrunden.

Adresse Eichenpfad 4, 38550 Isenbüttel | ÖPNV Buslinie 157, Haltestelle Isenbüttel Haustenbecker Straße | Tipp Der Badestrand ist in der Saison von Mai bis September von der DLRG überwacht. Wer es nicht so mit Wasser hat, auf den warten auch Freizeitmöglichkeiten wie Mini- oder Disc-Golf, Tennis und Co.

95 Die Teichmühle

E-Werk aus dem 14. Jahrhundert

Wolfsburg ist bekanntermaßen eine junge Stadt. Doch die eingemeindeten Ortsteile sind durchaus alt und geschichtsträchtig, wie auch hier im Buch schon einige Male erwähnt und gezeigt wurde. Ein Beispiel dafür ist Hattorf. Hier gibt es die Teichmühle. Bereits 1318 wird dieser Ort erstmals erwähnt. Damals verlehnte der Herzog von Braunschweig die Hattorfer Teichmühle an die hiesige Adelsfamilie von Bartensleben zur Nutzung – schließlich sollte es ja auch in Hattorf mit der heimischen Wirtschaft vorangehen.

Hier wurde im Fortgang also jahrhundertelang ordentlich gemüllert. Die Zeit konnte der Mühle wenig anhaben, im Jahr 1900 wurde das Gebäude sogar ausgebaut und erhielt eine Turbine, also so ein Dings, das Strom erzeugt.

Das Dorf wurde so mit Elektrizität versorgt, mithilfe der Wasserkraft der durchfließenden Schunter. Wer sich das Gewässer heute anschaut, mag kaum glauben, dass die Schunter genug Kraft entwickeln könnte, um eine solche Turbine überhaupt anzutreiben. Aber es funktionierte.

Die Teichmühle war in dieser Zeit ein Dauerbrenner. Sie überstand zwei Weltkriege und war bis 1958 durchgehend in Betrieb, und das meist zuverlässig. Ein E-Werk aus dem 14. Jahrhundert sozusagen, auch wenn die Umnutzung natürlich erst viel später erfolgte. Erst danach wurden modernere Versorgungsformen im Bereich der Elektrizität eingesetzt.

Auch wenn man es sich heute kaum vorstellen kann: Der Bach Schunter war noch im 18. Jahrhundert nicht nur Antriebsgarant einer Mühle, sondern eine echte Wasserstraße. Herzog Karl I. machte hieraus den Elm-Braunschweig-Kanal. Es gab sogar mehrere Schleusen entlang des heute eher beschaulichen Gewässers, das auch an der Teichmühle entlangfließt, mitten durch Wald und Wiesen des ländlichen Hattorfs. Kaum zu glauben, dass Wolfsburgs Innenstadt nur wenige Autominuten entfernt liegt.

Adresse Sackstraße 22, 38444 Wolfsburg-Hattorf | **ÖPNV** Buslinie 218, 230, 231, Haltestelle Hattorf Osterberg | **Tipp** Der alte Ortskern von Hattorf bietet jede Menge historische Gebäude, die man zusätzlich bei einem Spaziergang abklappern kann. Gut erhaltene Fachwerkhäuser und die St.-Nicolai-Kirche aus dem 14. Jahrhundert gehören ebenfalls zu den Hattorfer Sehenswürdigkeiten.

96 Das Tiergehege

Wolfsburgs lebendigster Steinbruch

Früher war das ganze Areal ein Steinbruch, also nicht unbedingt ein perfektes Ausflugsziel oder ein Ort, wo man unbedingt gewesen sein müsste in Wolfsburg. Zehn Meter hoch erhebt sich hier die Wand aus grauem Kalk und Mergelsteinen mitten im Waldgebiet des Klieversbergs, in unmittelbarer Nachbarschaft zum Wolfsburger Klinikum, dem Krankenhaus für Stadt und Region. Heute ist der Steinbruch ein Naturdenkmal der Stadt – und nicht nur das. Was man nicht unbedingt vermuten würde: Der Steinbruch strotzt vor Lebendigkeit. Das liegt vor allem an den dort beheimateten Tieren, bei deren Anblick vor allem Kinderherzen höherschlagen.

25 Arten leben hier in einem Gehege, das man problemlos täglich besuchen kann. Kaninchen, Gänse und vor allem Familie Pfau, die heimlichen Stars der Anlage, können hautnah begutachtet werden. Ein Stück heile Natur auf einem 20.000 Quadratmeter großen Gelände mit See, Bäumen, Sträuchern und hölzernen Sitzgelegenheiten. Nicht immer ganz bequem, aber dafür zweckdienlich und einigermaßen wetterfest. Sogar Kindergeburtstage kann man hier mitten in der Natur feiern, was den Beteiligten natürlich immer viel Spaß bereitet. Geburtstagskinder bekommen sogar eine Pfauenfeder als Glücksbringer geschenkt.

Dabei stand das Tiergehege im Steinbruch 2003 kurz vor dem Aus, weil die Stadt die Kosten nicht mehr übernehmen wollte. Das wäre natürlich mehr als schade gewesen. Ein Förderverein und viele Spenden mitfühlender Wolfsburger Bürgerinnen und Bürger verhinderten die Schließung – eine tolle Sache und Beweis für die große Solidarität mit der Einrichtung.

Das Tiergehege ist sozusagen eine Herzensangelegenheit der Menschen in dieser Stadt, sind doch viele Wolfsburger mit einem Besuch dort aufgewachsen. Das prägt natürlich nachhaltig – und deshalb ist dies natürlich ein Ort, an dem man in Wolfsburg mal gewesen sein sollte.

Adresse Sauerbruchstraße, 38440 Wolfsburg-Klieversberg | **ÖPNV** Buslinie 213, Haltestelle Klinikum | **Öffnungszeiten** aktuelle Zeiten unter www.tiergehege-wolfsburg.de/kontakt | **Tipp** Wer sich den Tieren nähert, sollte bitte auf das Füttern verzichten. Hier hat es leider schon den einen oder anderen tragischen Fall gegeben. Der Zugang zum Tiergehege liegt hinter dem Ärztehaus des Klinikums etwas versteckt.

97 Die Tommy-Quelle

Wasserstelle der Engländer

Wolfsburg ist eine Stadt, die durch den Zweiten Weltkrieg wie viele andere Orte in Deutschland arg in Mitleidenschaft gezogen wurde. Zumindest war hier das Ende auch für die Bevölkerung deutlich in den verschiedensten Bereichen spürbar. Die Alliierten und die britische Armee hatten nach Kriegsende das Sagen – und an vielen Stellen Einfluss auf die Zukunft der ehemaligen Stadt des KdF-Wagens. Das betraf natürlich vor allem auch die Art und Weise des wirtschaftlichen Fortbestehens des Volkswagenwerkes und damit die Zukunft der Stadt selbst. Hier wurden mehrere richtungsweisende Entscheidungen gefällt – zum Glück positiv für Wolfsburg. In dieser Reihe gibt es einige größere Ereignisse, aber auch im kleinen Rahmen hat die Nachkriegszeit Spuren in Wolfsburg bis heute hinterlassen.

Das zeigt auch folgende Geschichte: Am Rabenberg ließ ein englischer Hauptmann in den Jahren 1945/1946 seine Männer Wasser aus dem Wald holen. An einem schönen und idyllischen Buchenwaldhang eingebettet, sprudelte nämlich dort eine Oberflächenwasserquelle. Diese war perfekt geeignet, um den Durst und den Wasserbedarf der Soldaten zu stillen. Diesem Umstand verdankt der Ort bis heute seinen Namen: Tommy-Quelle, in Anlehnung an den »Spitznamen« für die britischen Soldaten in der deutschen Bevölkerung. Und immer noch ist das natürliche Quellwasser bei den Wolfsburgern sehr beliebt. Auch wer eine Wanderung durch die Eichen- und Buchenwälder absolviert und Durst bekommt, kann hier bedenkenlos einen Schluck nehmen, natürlich gratis.

Die Qualität des Wassers wird regelmäßig behördlich überprüft. Und geschmacklich stellt man tatsächlich einen Unterschied zum herkömmlichen Wasser aus dem Einzelhandel fest. Nicht nur geschichtlich und natürlich, sondern auch geschmacklich ist die Tommy-Quelle also ein lohnenswertes Ziel bei einem Besuch in der Stadt Wolfsburg.

Adresse Stadtwald, 38444 Wolfsburg | ÖPNV Buslinien 202, 218, Haltestelle Am Stemmelteich | Tipp Feste Schuhe für den Waldspaziergang tragen und eine größere Flasche mitnehmen, um frisches Quellwasser als Souvenir aus dem Unterholz mitzubringen.

98 Die Tribüne von Lupo Martini

»Calcio Italiano« in der Kreuzheide

Früher war das Gelände lediglich der Fußballplatz eines Schulzentrums. Doch diese Zeiten haben sich gründlich geändert. Hier hat die Unione Sportiva Italiana (USI) Lupo Martini ihre sportliche Heimat, die sogar mal in der Regionalliga und damit der vierthöchsten deutschen Spielklasse war. Lupo Martini ist ein besonderer Verein, und deswegen lohnt ein Besuch der dortigen Metalltribüne nicht nur für Fußballfans.

Nur knappe fünf Reihen umfasst das blecherne Bauwerk mit seinen schmucken blauen Sitzen, eingerahmt von jeder Menge Bandenwerbung. Es ist also nicht unbedingt ein monumentales Bauwerk, das dort in der Kreuzheide errichtet wurde. Aber wichtig für den Verein und die Anhänger ist das Ganze auf jeden Fall. Geht es hier doch auch um den großen Symbolwert der Anlage. Dicht dran sein und ein optimaler Blick auf der Gegengeraden sind obendrein für das Sporterlebnis auch noch garantiert. Und: Spiele des Vereins sind quasi lebende deutsche Sportgeschichte. Denn der Club ist der älteste von Gastarbeitern gegründete Verein in Deutschland – und da ist die Geschichte ja nicht unbedingt sehr kurz. Entsprechend bemerkenswert ist es, was damals ausgerechnet in Wolfsburg passierte. 1962 war das.

Damals noch unter dem Namen Sportclub Lupo (italienisch für »Wolf«) fusionierte man mit dem zweiten italienischen Verein in Wolfsburg, US Martini. Im Stadtteil Kreuzheide hat Lupo Martini eine Heimat gefunden und gehört zum Stadt- und Vereinsleben seitdem mit dazu. Dort gibt es also noch echten »Calcio Italiano«. Die Vereinsgründer wollten übrigens mit dem Namen Lupo ihrer Verbundenheit mit ihrer neuen Heimat besonderen Ausdruck verleihen. Ein tolles Beispiel für Integration und die Verbindung, die durch den Sport in Wolfsburg geschaffen wurde – und das ist doch allemal einen Besuch der Lupo-Tribüne wert.

Adresse Hubertusstraße 10, 38448 Wolfsburg-Kreuzheide | **ÖPNV** Buslinie 161, Haltestelle Kreuzheide Schulzentrum | **Tipp** Wer vom italienischen Flair nicht genug bekommen kann: Um die Ecke des Lupo Stadio ist eine Steinofen-Pizzeria. Übrigens: Die erste Spielstätte von Lupo war an dem Platz, wo heute die Volkswagen Arena steht.

99 Die Tunnel der Berliner Brücke

Das »Labyrinth« am St.-Annen-Knoten

Wolfsburg ist eine Autostadt. So weit, so bekannt. Entsprechend wurden andere Verkehrsteilnehmer, ob Radfahrer oder Fußgänger, bei der Verkehrsplanung in der Vergangenheit gern mal aus der Sichtweite der Autofraktion verbannt – teilweise auch unter die Erde. Das war damals halt so. Besonders deutlich wird dies am St.-Annen-Knoten an der Berliner Brücke. Dadurch wurde aber auch ein besonderer Ort für Wolfsburg geschaffen, den jeder mal zu Fuß oder per Rad erkundet haben sollte. Natürlich geht das Ganze auch modern per E-Roller, die seit einiger Zeit ebenfalls überall im Stadtgebiet zu finden und zu mieten sind. Führt der Bereich hier doch auf recht einfache Weise gleich in alle vier Himmelsrichtungen und damit verschiedene Teile der Stadt. Dafür muss man sich allerdings auch durch ein kleines Labyrinth an Tunneln und Wegen rund um einen der Hauptverkehrsknotenpunkte von Wolfsburg »hindurchkämpfen«.

Denn welche Richtung hier die richtige ist, lässt sich auf den ersten Blick nicht immer erkennen, vor allem als Auswärtiger. Da gibt es dann doch mal einen Falschabbieger. Das offenbart sich etwa bei Heimspielen des VfL Wolfsburg, wenn die gegnerischen Fans zum Stadion geleitet werden. Häufig landen die Gäste auf einer Straßenseite, wo sie gar nicht hinwollten – und müssen dann meistens den Rückweg antreten, denn bei der dicht befahrenen Straße ist eine Überquerung nicht zu empfehlen.

Interessant ist der Ort unter dem St.-Annen-Knoten allerdings allemal. Es ist ein merkwürdiges Gefühl, überall um sich herum den Autoverkehr zu hören, aber ihn nicht immer zu sehen. Wer den richtigen Weg findet, gelangt hier übrigens auf dem schnellsten Weg zur Arena, zur Autostadt oder zum Schloss im Norden, zum Industriegebiet Dieselstraße im Osten, zum Schillerteich im Süden und zur Stadtmitte mit Hauptbahnhof im Westen.

Adresse Stadtbrücke, 38440 Wolfsburg-Autostadt | ÖPNV Buslinie 201, 202, Haltestelle Wolfsburg Autostadt | Tipp Vom Hauptbahnhof her lohnt sich ein Fußmarsch zur Berliner Brücke und ein Abbiegen im St.-Annen-Knoten auf der linken Seite. Die Brücke bietet dann einen schönen Aussichtspunkt, von dem man zahlreiche Wolfsburger Sehenswürdigkeiten erblicken kann.

100 Die Tunnel-Schänke

Wolfsburgs kultigste Arbeiterkneipe

Auf der Facebook-Fanseite sind die Besucher voll des Lobes: »Das beste Bier in Wolfsburg! Immer frisch, kühl und schnell serviert«, meint ein Christian. »Bruno hat Zeit und Herz für seine Gäste«, heißt es an anderer Stelle. Wolfsburgs kultigste Arbeiterkneipe steht – wie könnte es anders sein – direkt vor den Werkstoren. Genauer gesagt befindet sich die »Tunnel-Schänke bei Bruno« vor dem Eingang zu Tor 17 und damit ganz in der Nähe zum Wolfsburger Bahnhof. Sie ist eine Arbeiterkneipe, wie sie im Buche steht, in Wurfweite zum wichtigsten Arbeitgeber der Region und mit jeder Menge Publikumsverkehr zu den Stoßzeiten. Zum Tor 17 kommt man übrigens nur durch einen Tunnel unter dem Mittellandkanal. Daher der Kneipenname – nicht unbedingt kreativ, aber dafür umso passender.

Hier treffen sich die Schichtarbeiter von Volkswagen nach oder auch mal vor der Arbeit auf ein Bierchen, zum Quatschen und Abschalten. Geplaudert wird dann natürlich über Job, Fußball sowie Gott und die Welt.

Die Kneipe, in der man übrigens auch etwas zu essen bekommt, hat einen ganz eigenen, urigen und bodenständigen Charme. Und das wird schon beim Betreten sehr deutlich. Auch Reisende kommen hierher, um die Wartezeit auf den Zug zu überbrücken. In dem flachen Gebäude zwischen Kanal und Heinrich-Nordhoff-Straße sind ebenfalls ein Friseur und ein Kiosk angesiedelt. Doch die Kneipe von Wirt Bruno Corigliano ist das Herzstück und gehört seit Ewigkeiten zum Stadtbild rund um den Bahnhofsbereich. Und das schon zu Zeiten, als dieser Teil der Stadt nicht unbedingt ein Publikumsmagnet war. Typisch für Wolfsburg: Am Tresen der Tunnel-Schänke kann man fast mit dem Auto vorfahren, ein nicht unerheblicher Standortvorteil. Von allen vier Seiten ist das Gebäude direkt mit Parkplätzen umgeben. Ein langer Fußmarsch für ein frisch Gezapftes bei Bruno ist also nicht einzuplanen.

Adresse Heinrich-Nordhoff-Straße 28, 38440 Wolfsburg | ÖPNV Buslinien 211-213, 215, 216, Haltestelle Wolfsburg Hauptbahnhof | Öffnungszeiten Mo–Sa 5–24 Uhr, Tel. 05361/15723 | Tipp Wer sicher einen Platz in der Tunnel-Schänke bekommen möchte, vermeidet den Trubel des Schichtwechsels um 14.30 oder 22.30 Uhr. Oder man möchte das bewusst erleben – dann immer hin da.

101 Die Turmhügelburg

Die »Motte« im Stadtwald

Kunigunde von Bartensleben hatte Glück: Eben erhielt sie eine Burganlage mitten im Wald, nicht zuletzt, um den Handelsweg durch das Allertal zu schützen. Eben – das war 1304. Damals wurde Burg Rothehof im Stadtwald erstmals urkundlich erwähnt, erbaut wurde sie jedoch vermutlich sogar schon 100 Jahre vorher. Damit wäre dieser Ort sogar noch älter als die Wolfsburg, die der Stadt den Namen gab.

Zu finden ist Burg Rothehof mitten im Forst des Wolfsburger Stadtteils Rabenberg. Sie war eine sogenannte »Motte«. Der Name bezieht sich nicht auf eine Ähnlichkeit mit dem nervigen und löcherfressenden Insekt, sondern die Bauweise. »Motte«, Französisch für (Erd-)Klumpen, bedeutet, dass es sich um eine Turmhügelburg gehandelt hat, also platziert auf einem Erdklumpen. Klingt erst mal wenig vertrauenerweckend, soll sich aber in der Praxis durchaus bewährt haben – schließlich hatte man gegen Angreifer dank dieses Erdklumpens einen Höhenvorteil. Zudem war der Platz strategisch gut an einer Bachschleife gelegen.

Der Burghügel ist heute noch am Rabenberg zu sehen, und mit ein bisschen Phantasie kann man sich an diesem besonderen Ort leicht ins Mittelalter zurückversetzen. Mit geschlossenen Augen lässt es sich prima vorstellen, wie sich hier auf den Palisaden der Motte Ritter und Bewohner der Angriffe von außen erwehrten. Denn die Kombination aus Wasserhindernis und Burganlage auf einem erhöhten Areal musste erst mal bezwungen werden, ohne sich bei dem Angriff die Zähne auszubeißen.

Seit den 1980er Jahren hat der Turmburghügel auch den Status eines Bodendenkmals. Damit sind Überreste vergangenen Lebens mit wissenschaftlichem Wert gemeint – frühere Befestigungsanlagen, Siedlungen, aber auch Bestattungsplätze. Die Geschichte der Motte wirkt sich in Wolfsburg natürlich auch bis heute aus: So trägt eine in der Nähe liegende Straße den Namen »Burgwall«.

Adresse Burg Rothehof, 38444 Wolfsburg-Rabenberg, Geodaten 52°24'30.0"N 10°46'58.0"E | **ÖPNV** Buslinie 215, 216 Haltestelle Rabenberg Burgwall | **Tipp** Mit dem Rothehof ist übrigens nicht nur die verschwundene Burg gemeint. In der Nähe befindet sich auch eine historische Siedlung mit schönen Gebäuden und Fachwerkhäusern, die liebevoll restauriert wurden. Auch hier kann man einen Blick riskieren.

102 Die Turmuhr

Zwischen Mittelalter und Stillstand

Schon der Zugang zur Burg Neuhaus sorgt für ein besonderes Feeling. Deswegen sollte man den Weg durchaus ruhig und mit der nötigen Aufmerksamkeit für die schöne Umgebung rundum beschreiten. Über die steinerne Brücke geht es in den beeindruckenden Innenhof des alten Gemäuers, das auch nach so vielen Jahren seinen Reiz für den Besucher nicht verloren hat – egal, ob es sich um Auswärtige oder Wolfsburger handelt. Ein Hauch von Ritterzeit und Minnesang für das Burgfräulein macht sich breit. Gefühltes Mittelalter in Wolfsburg, so weit man das sagen kann. Groß und mächtig erhebt sich der massive Bergfried der Wasserburg, die zu den am besten erhaltenen in ganz Norddeutschland zählt – und das will ja schließlich auch schon etwas heißen. Bekannt ist diese Tatsache wahrscheinlich nicht jedem. Im Bergfried ist die Turmuhr beheimatet, die es natürlich im Mittelalter noch nicht gab, die aber durch ihre Geschichte zu einem besonderen Ort in Wolfsburg wurde.

1915 installierte eine Harzer Firma die Maschinerie, wahrscheinlich weil es damals in der Stadt noch nicht unbedingt die richtigen Experten dafür gab. Allerdings war auch der Fachmann von außerhalb kein Garant für Qualität. Sollte man also meinen, dass so eine Turmuhr für die Ewigkeit funktioniert, ist das ein klarer Fall von »denkste«. Es herrschte längerer Stillstand, die Uhr wollte einfach nicht tun, was eine Uhr normalerweise tun sollte. Erst 1944 wurde sie wieder in Gang gebracht.

Die Turmuhr ist eine Attraktion der Burg Neuhaus, die nicht nur mit Bergfried und schönem Innenhof samt Steinbrücke als Zuwegung aufwartet. Im 14. Jahrhundert auf einem Felsmassiv am Hehlinger Bach errichtet, hat das alte Gemäuer einiges überstanden: darunter echte Ritterangriffe und die Umwandlung in der Nazizeit zur »Reichssportschule«. Seit 1981 ist die Burg samt Turmuhr im Besitz der Stadt Wolfsburg. Dazu gehört auch eine sehr schöne Parkanlage mit Burgteich.

Adresse Burg Neuhaus, Schilfstraße 6, 38446 Wolfsburg-Neuhaus | ÖPNV Buslinie 203, 204, Haltestelle Burg Neuhaus | Tipp Neben zahlreichen Festen und Gelegenheiten, auf der Burg Familienfeiern abzuhalten, ist in den Burggebäuden auch ein Museum beheimatet. Hier gibt es einiges über das Mittelalter zu erfahren, unter anderem über die mittelalterlichen Waffen und das damalige Burgleben (Feb.–Okt. So 14–17 Uhr, Nov.–Jan. So 14–16.30).

103 Die Velpker Schweiz

Naturpark vor den Toren

Wer die Grenze der kreisfreien Stadt Wolfsburg hinter sich lässt, landet in der Regel im Kreis Gifhorn oder im Kreis Helmstedt. Für den Wolfsburger sind diese Grenzen aber seit jeher fließend, deshalb spielen sie für die meisten hier Lebenden kaum eine Rolle. Viele wohnen in den angrenzenden Kreisen und arbeiten in Wolfsburg oder verbringen dort ihre Freizeit und umgekehrt. Ein munteres Wechselspiel also. So liegt eines der schönsten Fleckchen Natur fast direkt und wenige Kilometer hinter der Wolfsburger Stadtgrenze: die Velpker Schweiz.

Eigentlich gehört sie zu Helmstedt, aber sie ist ein so besonderer Ort, dass man dort rund um Wolfsburg unbedingt mal gewesen sein sollte. Es ist ein Naturschutzgebiet, das durch seine ursprüngliche Landschaft jeden Besucher in seinen Bann zieht, das wird wahrscheinlich jeder, der mal da war, bestätigen. Das ehemalige Steinbruch- und Kiesabbaugelände wurde vor Jahrzehnten aufgegeben. Und seitdem holt sich die Natur in beeindruckender Manier zurück, was ihr gehört. Stück für Stück für Stück.

Die Steinbrüche wurden irgendwann mit Wasser gefüllt und bilden jetzt eine wunderschöne Seenplatte, eingerahmt von Hügeln, Tälern, Wald und Feldern. Seit 1969 ist die Velpker Schweiz auch als Landschaftsschutzgebiet ausgewiesen – und das völlig zu Recht. Sogar Spuren der letzten Eiszeit vor 200.000 Jahren lassen sich hier finden – in dieser Form in ganz Niedersachsen einzigartig.

Und auch so ist die Velpker Schweiz ein historischer Ort, den es zu durchstreifen lohnt, ob allein oder mit der ganzen Familie. Bereits 1640 wurde hier der örtliche Velpker Räte-Sandstein abgebaut und in Gebäuden eingesetzt, die etwa durch den Dreißigjährigen Krieg in Mitleidenschaft gezogen wurden.

Doch das ist lange Vergangenheit und betrifft die Gemeinden drumherum nicht mehr. Heute ist die Velpker Schweiz zum Glück einfach nur Natur pur …

Adresse An der Prügeleiche 3, 38458 Velpke | ÖPNV Buslinie 335, 380, Haltestelle Velpke Sportplatz | Tipp Die Velpker Schweiz ist ein schönes Wandergebiet, also festes Schuhwerk unbedingt dabeihaben. Mit zwei Kilometer Länge schaffen das auch Personen, die sonst nicht gut zu Fuß sind. Beginn der Tour ist am Velpker Sportplatz.

104 Der Velstove Ring

Wo die Motoren mal heulten

Velstove im Norden Wolfsburgs war mal Schauplatz eines echten Motorsport-Highlights. Auf dem Velstove Ring südlich der Ortschaft auf dem Weg nach Vorsfelde heulten die Motoren der Motocross-Maschinen. Auf der 1,5 Kilometer langen Strecke mit schnellen, engen und anspruchsvollen Passagen spritzten Sand, Schlamm und Staub. Der Kurs erfüllte sogar die Bedingungen der Serie zur Deutschen Meisterschaft. Sprunghügel und drei große lange Tables sorgten bei Fahrern und Motocross-Fans für höherschlagende Herzen.

All das ist leider lange vorbei. Und trotzdem ist das Areal vielen Wolfsburgern immer noch ein Begriff. Seit 2009 werden hier in Velstove zwar keine Runden mehr gedreht, doch das einer Sandkuhle ähnliche Gelände ist nach wie vor zu sehen und gehört ohne Zweifel zu Wolfsburgs Lost Places, die einen Blick wert sind – gerade, weil man sich die ursprüngliche Nutzung gar nicht mehr so richtig vorstellen kann.

Und von diesen Lost Places hat Velstove sogar gleich zwei zu bieten. In der Nähe befindet sich auch eine alte Kartoffelstärkefabrik, die bis 1922 betrieben wurde. Ein Wirtschaftszweig, der zur damaligen Zeit noch ungeheuer wichtig war. Das änderte sicher aber mit den Jahren, Kartoffelstärke verlor als Wirtschaftsfaktor an Bedeutung. Noch heute kann man aber die Grundmauern mitten im Gelände erkennen.

Nach dem Zweiten Weltkrieg war der Ort auch ein wichtiger Anlaufpunkt für Heimatvertriebene und vergrößerte sich stetig. Velstove wurde schließlich 1972 von der Stadt Wolfsburg eingemeindet und zählt trotz seiner Geschichte zu den kleineren Ortsteilen.

Zu jenem Zeitpunkt gab es übrigens schon den Velstove Ring. Die Motocross-Strecke wurde bereits 1967 eröffnet und lockte Motorsport-Fans aus ganz Deutschland nach Wolfsburg. Schade irgendwie, dass diese Zeiten dann doch irgendwann ein Ende hatten.

Adresse 38448 Wolfsburg-Velstove, Geodaten 52°28'20.7"N 10°49'13.8"E | ÖPNV Buslinie 201, 202, Haltestelle An der Kiesgrube | Tipp Fast das gesamte Dorf ist als Tempo-30-Zone ausgewiesen. Wer an seinem Führerschein hängt, sollte sich also anpassen. Sehenswert ist in Velstove auch die Martin-Luther-Kirche mit ihrem frei stehenden Glockenturm. Sie wurde erst 1960 eingeweiht und von Architekt Friedrich Berndt entworfen, der in der Region gleich mehrere Kirchen geplant hat, unter anderem auch in Reislingen und Wendschott.

105_Der Wasserpark

Kühles Nass auch ohne Freibad

Es ist eine Umnutzung der besonderen Art in Wolfsburg und einer der Orte, an denen bestimmt kein Auge trocken bleibt, im wahrsten Sinn des Wortes. Die Rede ist vom Wasserpark in Hehlingen, einem Ortsteil im Südosten von Wolfsburg, der bis 1932 noch zum Landkreis Gardelegen in der damaligen Provinz Sachsen gehörte. Eigentlich kaum zu glauben, wie diese Verbindung mal zustande kam.

Der Wasserpark steht auf dem ehemaligen Gelände des dortigen Freibades, hat aber mit einem normalen Freibad im Grunde nur noch das Element Wasser gemeinsam. Hier können Piratenschiffe geentert, Burgen erklettert oder ein See mit dem Floß überquert werden. Ein 50 Meter langer Bachlauf durchzieht das Gelände, wo man auf einem Barfußpfad auch noch ganz andere gefühlstechnische Erfahrungen sammeln kann. Dafür sollte man unter den Sohlen natürlich nicht allzu empfindlich sein, versteht sich. Aber Spaß dürfte es in jedem Fall machen.

2009 war das Freibad im Ortsteil Hehlingen so heruntergekommen, dass der Betrieb eingestellt werden musste. Ziemlich genau 40 Jahre nach Eröffnung des Plansch-Areals. Eine Bürgerinitiative wollte die Entwicklung aber nicht einfach so hinnehmen, und so entstand die Idee eines Erlebniswasserparks an gleicher Stelle. Und hier zeigt sich wieder, dass sich der nachdrückliche Einsatz vor der eigenen Haustür tatsächlich lohnen kann. Der Hintergrund: Die Bürger wollten einen wichtigen Ort für soziale Treffpunkte in Hehlingen erhalten. Das fand auch Widerhall bei der Stadt, die das Freibad nicht hatte sanieren wollen. Damals war dafür offenbar kein Geld vorhanden. Und so kam es zu dieser Umnutzung des Geländes und einer neu entstandenen Attraktion in Wolfsburg, wohin sich nicht nur ein Ausflug mit Kindern absolut lohnt.

Gerade in den warmen Sommermonaten kann man hier ein paar sehr schöne Stunden verbringen, spielen oder den Wasser-Freizeitspaß einfach nur genießen.

Adresse Zum Sportplatz, 38446 Wolfsburg-Hehlingen | ÖPNV Buslinie 216, Haltestelle Wolfsburg Mühlengasse | Öffnungszeiten April–Sept. Mo, Di, Do, Fr 14–19 Uhr, Mi 9–19 Uhr, Sa und So 12–19 Uhr, www.wasserpark-hehlingen.de | Tipp Bei Regen und Windstärken über 40 Kilometern pro Stunde bleibt der Wasserpark geschlossen. Gleiches gilt bei Temperaturen unter 16 Grad.

106 Die weiße Giraffe

Wolfsburgs ungewöhnlichstes »Tier«

Der Anblick kommt für viele überraschend, die in den Innenstadtbereich von Wolfsburg vordringen möchten. Deshalb gilt es schon ab Wolfsburg-Ortsschild, die Äuglein offen zu halten. Direkt an der Einfallstraße und in Steinwurfweite zum Anfang der langen Fußgängerzone Porschestraße steht sie. Unübersehbar und doch irgendwie surreal.

Man könnte auch sagen: so passend unpassend. Eine weiße Giraffe, vier Meter hoch, dabei ist das Haupt des künstlich geschaffenen Tieres noch nicht mal aufgerichtet, sondern ruht als potenzielle Sitzgelegenheit auf dem Boden. Sie wirkt sehr zutraulich und hat ein sympathisches und kindgerechtes Antlitz. Soll heißen: Die Giraffe sieht freundlich aus.

Die Skulptur, ein Werk der Braunschweiger Künstlerin Sina Heffner, steht seit 2009 auf der grünen Wiese unweit von Planetarium und Südkopf-Center. Die Stahl- und Styroporkonstruktion ist dank dreifacher Glasfaserbeschichtung wasserabweisend und stabil, obwohl die Giraffe aussieht, als wäre sie aus Papier gefertigt. Das würde aber natürlich wegen der Witterung nur eine relativ kurze Halbwertzeit des Kunstwerks bedeuten. Deshalb entschied man sich selbstverständlich für ein beständigeres Material.

In vier Einzelteilen wurde sie angeliefert, vor Ort waren mehrere starke Männer nötig, um Wolfsburgs wohl ungewöhnlichstes Tier zu montieren. Hier sollte man auf der Suche nach einem außergewöhnlichen Fotomotiv in Wolfsburg gewesen sein. Denn auf dem Kopf beziehungsweise Hals einer riesigen weißen Giraffe sitzend ein Erinnerungsfoto schießen, das macht sich nicht nur im Social-Media-Profil, sondern auch in der heimischen Vitrine sehr gut.

Aber warum eigentlich eine Giraffe und nicht ein Wolf (was ja naheliegend gewesen wäre)? »Ich wollte Irritationen schaffen«, so die Künstlerin. Das dürfte ihr definitiv gelungen sein – und Wolfsburg hat so ein kleines Wahrzeichen mehr.

Adresse Braunschweiger Straße, 38440 Wolfsburg | ÖPNV Buslinien 203, 204, Haltestelle Wolfsburg Köhlerbergstraße | Tipp Bei feuchtem Wetter an Taschentücher zum Abwischen denken, damit man auf dem Kopf der Giraffe sitzen kann. Per Rad oder zu Fuß am besten zu erreichen.

107 Das Wellenbad

Kindliches »Stahlbad«

Generationen von Wolfsburger Kindern verlangte der Besuch an diesem Ort alles ab: Wer mit Mama, Papa, Oma oder Opa hier die Herausforderung überstand, machte einen großen Schritt in der kindlichen Entwicklung. Und das ist kein Scherz, sondern zigfach von vielen selbst erprobt.

Das Wellenbad im Badeland Wolfsburg war von jeher für kleine Steppkes eine Herausforderung. Ein großes Becken, das zum hinteren Ende immer tiefer wurde. Dort konnte man als Kindergarten- oder Grundschulkind garantiert nicht stehen. Wenn der berühmte Gong oder die Durchsage ertönte, dass sich eben dieses große Becken in der Mitte des Spaßbades in eine raue See verwandeln würde, dann hieß es beim ersten Mal: Furcht überwinden, wenn die Wellen über den eigenen Kopf hinwegrauschten oder einen von den Beinen rissen. Und vor allem galt es, sich die Herausforderung nicht anmerken zu lassen. Bei allen darauffolgenden Malen hieß es dann aber nur noch: Spaß pur, Kopf voran, Wasser schlucken egal.

Aber vorher wagte man sich doch eher an der Hand eines Erwachsenen in dieses Stahlbad. Das ist natürlich nur normal und auch gar nicht schlimm! Und es wurden die Großen bewundert, die in dem maschinell aufgepeitschten Badebecken über das in der Mitte gespannte Seil hinaus durften. Dieses trennt Könner von Anfängern. Denn nur, wer sein schwimmerisches Können unter den gestrengen Augen des Bademeisters am Rand demonstrierte, hatte die Erlaubnis, in die Weiten des Wellenbades vorzudringen. Ansonsten ertönte der Pfiff einer Trillerpfeife, und man wurde zurückbeordert – kindliches Stigma inklusive und der »Walk of Shame« zurück in die anderen Schwimmbecken des Badelands, wo das Wasser nicht so wild war. Denn es gab einige eifrige Gäste, die sich in der tosenden Kunstsee etwas überforderten.

Doch egal wie der Besuch im Wellenbad des Badelandes ausfiel, er bleibt definitiv jedem in Erinnerung.

Adresse Allerpark 4, 38448 Wolfsburg-Allerpark | **ÖPNV** Buslinie 213, Haltestelle Wolfsburg Badeland | **Öffnungszeiten** Informationen unter www.badeland-wolfsburg.de | **Tipp** Wem das Wellenbad nicht ausreicht: Das Badeland bietet auf einer Größe von 22.000 Quadratmetern jede Menge Bade-, Sport- und Spielmöglichkeiten sowie eine große Saunalandschaft. Die Einrichtung wurde auch bereits mehrfach renoviert und modernisiert.

108 Das Weltraumlabor

Die coolste Ecke im Planetarium

Der Weltraum – unendliche Weiten. Die gibt's nicht nur im Raumschiff Enterprise, sondern naturgemäß auch im Planetarium Wolfsburg. Das Gebäude braucht eigentlich keine Vorstellung, ist die blaue Kugel doch weit über die Stadt hinaus bekannt, seit es 1983 eröffnet wurde. Seitdem gehört es zu den zehn größten Einrichtungen in diesem Bereich in Deutschland.

Das Planetarium schlicht zu einem Ort zu erklären, an dem man in Wolfsburg gewesen sein muss, ist also etwas zu einfach. Doch in dem Gebäude selbst gibt es einen Ort, an dem man – vor allem als junger Wolfsburger oder Besucher – mal gewesen sein sollte: das Weltraumlabor.

Klingt im ersten Moment etwas trocken wissenschaftlich, aber genau das Gegenteil ist der Fall. Auf den dortigen Computerterminals wird nicht nur allerlei Wissen rund um Astronomie locker und kindgerecht aufbereitet, es hat tatsächlich etwas vom »Look and Feel« der Kommandobrücke eines Raumschiffs und ist definitiv die coolste Ecke der Raumstation mitten in Wolfsburg. Davon kann sich jeder dann auch direkt und mit den eigenen Händen überzeugen. Die Aufnahmen des Kosmos, den man per Touchdesk selbst durchqueren kann, sind ein echter Anziehungspunkt und optisch toll gemacht. Per Anleitung durch die Galaxis, sozusagen.

Das Weltraumlabor ist im Grunde selbsterklärend und funktioniert wie die Fingernavigation mit dem Smartphone – nur halt 200-mal so groß. Alles klappt intuitiv. Sogar Schulklassen kommen hierher, um die Einrichtung für Lehrzwecke zu nutzen. Ein Lernen, das nebenbei auch noch richtig Spaß macht, schließlich ist sonst Physik häufig nicht jedermanns Sache. Natürlich sind die Aufnahmen aus dem All nicht nur schön anzuschauen, man nimmt auch jede Menge an neuem Wissen mit.

Besonders für die kleinen Forscher ist das Weltraumlabor ein echter Gewinn und mit Sicherheit ein besonderer Ort.

Adresse Uhlandweg 2, 38440 Wolfsburg | ÖPNV Buslinie 201–204, Haltestelle Kunstmuseum | Öffnungszeiten Informationen unter https://planetarium-wolfsburg.de/ www.planetarium-wolfsburg.de, Kartenreservierung über Tel. 05361/8999320 | Tipp Im Weltraumlabor kommt auch der Spielgedanke für Jung und Alt nicht zu kurz: Einfach mal das Weltraumquiz als Funktion auswählen und überprüfen, wer mehr über den Kosmos weiß. Im Foyer des Planetariums sind außerdem zahlreiche Kunstwerke ausgestellt.

109 Die Windmühle

Bock auf Bock

Wer zuerst kommt, mahlt zuerst – der Spruch ist aus dem Volksmund bis heute überliefert und geht auf die Sitte zurück, dass der Bauer an einer Windmühle sein Korn mahlen durfte, der dort zuerst seine Säcke anschleppte. Auf die später eintreffenden Landwirte kam somit dann häufig eine längere Wartezeit zu. So waren die Regeln, und das war echte Knochenarbeit, egal ob Erster, Zweiter oder Sonstiger. Wahrscheinlich war es auch so bei der Bockwindmühle in Kästorf, der einzigen ihrer Art im gesamten Stadtgebiet, die so gut erhalten ist.

1861 hatte ein Vorsfelder Zimmermann die Idee, im benachbarten Ortsteil Kästorf eine Windmühle zu errichten. Der Bedarf schien in jedem Fall vorhanden zu sein. Allein um 1850 herum bestand das Dorf aus etwa 16 Bauernhöfen. Wenn man bedenkt, dass hier sogar noch 1939 nur rund 260 Menschen lebten, ist das eine top landwirtschaftliche Grundversorgung. Die schweren Hölzer, auf denen das Gebäude »aufgebockt« ist und die so der Mühle ihren Namen geben, sorgen für Stabilität. Das Ganze ist sogar drehbar, dadurch können die Flügel immer perfekt am Wind ausgerichtet werden. Ein sehr schlaues Prinzip. Normalerweise denkt man bei »aufbocken« in Wolfsburg ja eher in die automobile Richtung, doch nicht so in Kästorf. Die Flügel trieben dort 60 Zentner schwere Mahlsteine an, damit aus Korn auch feines Mehl wurde, um daraus Brote aller Art machen zu können.

Heute ist die Bockwindmühle ein technisches Denkmal der Windkraft, und ihre Flügel zieren immer noch das Wappen von Kästorf, das in Gelb und Blau gehalten ist. Übrigens: Die Mühle ist wohl auch deshalb so gut erhalten, weil sie noch bis 1969 hier betrieben wurde. Nach der Stilllegung ging sie in den Besitz der Stadt über. Die Bockwindmühle wurde außerdem aufwendig restauriert, sodass sie jährlich zahlreiche Besucher zu diesem einzigartigen Ort und Wahrzeichen in Wolfsburg lockt.

Adresse Pfadwinderweg, 38440 Wolfsburg-Kästorf | ÖPNV Buslinie 202, Haltestelle Wolfsburg An der Mühle | Öffnungszeiten Besichtigung ab 10 Personen nach Anmeldung im Stadtmuseum, Tel. 05361/828540 | Tipp An der Hubertusstraße/Ecke Schöneberger Straße befindet sich das Werk »Unser Leben« von Rupprecht Matthies.

110 Der Zehn-Meter-Turm

Kopfsprung vom Kuh-Berg

Generationen von Wolfsburger Jugendlichen ging es hier schon an die Ehre: Wollte man vor den Mädchen im Freibad nicht als Feigling dastehen oder zumindest bei seiner Clique Eindruck schinden, dann führte am großen Sprungturm im VW-Bad kein Weg vorbei. Obwohl man von solchen Ritualen natürlich halten kann, was man möchte. Zehn Meter ragt das Bauwerk über das Schwimmbecken, das sich groß und hellblau weit unter dem tapferen Springer ausbreitet. Mit einem tiefen Blick auf den Grund. Wer je da oben stand, der dürfte zumindest ein kleines Unwohlsein in der Magengegend gespürt haben. Aber ein Sprung in die Tiefe von hier gehört definitiv zu den Ur-Wolfsburger-Erlebnissen, genau hier, genau in diesem Freibad.

Bereits 1951 wurde das VW-Bad eröffnet, das Platz für 10.000 Besucher bieten sollte. Der Sprungturm wurde dabei wie eine Skulptur aus Beton gestaltet, es gibt außerdem Absprungmöglichkeiten in einem, drei, fünf und sieben Meter Höhe. Alles natürlich weit geringere Herausforderungen als der Sprung vom »Zehner«, wie es im Volksmund heißt. Das Gelände, auf dem der Turm heute steht, hieß übrigens früher »Kuh-Berg« und liegt im Stadtteil Köhlerberg, unweit der Wolfsburger Innenstadt. Kennt man den richtigen Schleichweg, ist das VW-Bad von dort problemlos und relativ schnell auch zu Fuß erreichbar.

Und: Einer der bekanntesten Wolfsburger ist sozusagen das Aushängeschild des Freibads. Paul Tölg, von den Einheimischen liebevoll »Kuchen-Paul« genannt, gehört hier seit über 50 Jahren zum Inventar. Fast jeden Tag wagt er den Sprung vom großen Turm, natürlich inzwischen mit absoluter Routine, auch im hohen Rentenalter. Heute ist er wahrscheinlich der einzige Wolfsburger, der dort eine lebenslange Freikarte hat. Aber auch ohne Freikarte lohnt sich hier ein Besuch – kleine Mutprobe vom Zehner inklusive. Denn hier zahlt es sich wirklich aus, den inneren Schweinehund zu überwinden.

Adresse VW-Bad, Berliner Ring 41, 38440 Wolfsburg- Köhlerberg | ÖPNV Buslinie 203, 204, 215, 218, Haltestelle Wolfsburg VW-Bad | Öffnungszeiten Kontakt Tel. 05361/24004 | Tipp Kinder können sich im VW-Bad auch über eine Matsch-Spielanlage freuen. Wer den Sprung vom 10-Meter-Turm wagt, kann im Anschluss im 50-Meter-Sportbecken auch noch ein paar professionelle Bahnen ziehen.

111 Der Zen-Garten

Ruhepol in der Industriestadt

Das Kunstmuseum ist weit über die Stadtgrenzen Wolfsburgs als renommierte Einrichtung bekannt. Weltberühmte Künstler haben hier schon ihre Werke ausgestellt und präsentiert. Hier ist die Liste immens und das Renommee enorm. Nicht ganz so bekannt, aber ein Ort, an dem man in Wolfsburg auf alle Fälle gewesen sein sollte, ist ein besonderer Teil des Kunstmuseums: der Hinter- oder Innenhof. Klingt erst mal nicht so spannend, das Gegenteil ist aber der Fall. Davon kann sich der Besucher dann auch durchaus direkt überzeugen. Nachdem der Bereich jahrelang als Erweiterung der Museumswerkstatt genutzt wurde, ist hier 2007 ein japanischer Garten angelegt worden.

Eine sehr schöne Idee für den Bereich, der bis dato eher unscheinbar und lediglich zweckdienlich daherkam. In den Kiesflächen sind die Elemente eines Zen-Gartens eingefügt, Steine und Pflanzen wurden nach ihrer Klimatauglichkeit ausgewählt, und natürlich dürfen die obligatorischen Bonsai nicht fehlen.

Zen ist eine in Asien entstandene Strömung des Buddhismus, die auf das 5. Jahrhundert unserer Zeitrechnung datiert wird. Häufig ist diese Linie auch als Meditations-Buddhismus bekannt. Mit Architekt Kazuhisa Kawamura war zur Gestaltung des Zen-Gartens in Wolfsburg ein echter Kenner der Materie und Meister seines Fachs am Werk, um diesen besonderen Ort zu gestalten. »Ruhepol innerhalb der Industriestadt« – so wird der Zen-Garten im Kunstmuseum auch gern beschrieben. Er entstand in Verbindung einer Ausstellung über Japan und bietet seitdem den Besuchern die Möglichkeit, den stressigen Alltag hinter sich zu lassen. Ein interessanter Synergieeffekt von Kunst und Natur. Die Mauern des Kunstmuseums fassen den Garten dabei sinnbildlich ein, wie der Rahmen ein Gemälde einfasst. Ein Rahmen, der 32 Meter lang und 16 Meter breit ist, eine Überdachung und Ruhebänke bietet – für ein intensives Verweilen.

Adresse Kunstmuseum, Hollerplatz 1, 38440 Wolfsburg | ÖPNV Buslinie 201–204, Haltestelle Wolfsburg Kunstmuseum | Öffnungszeiten zu den Zeiten des Kunstmuseums, Informationen siehe www.kunstmuseum.de | Tipp Der Zen-Garten ist durch die Ostkabinette hinter der Ausstellungshalle des Kunstmuseums zu erreichen.

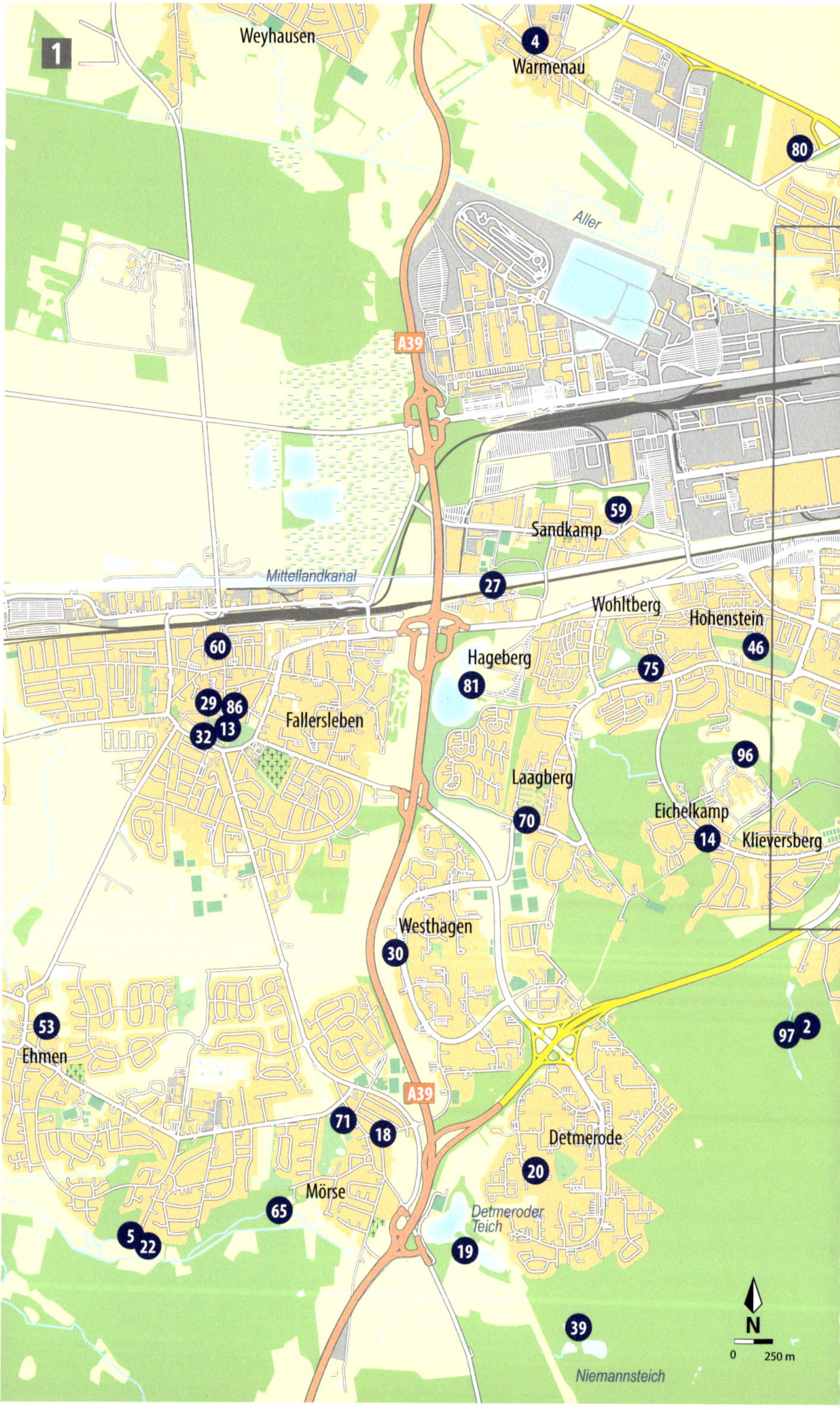
1
Weyhausen
Warmenau
Aller
A39
Mittellandkanal
Sandkamp
Wohltberg
Hohenstein
Hageberg
Fallersleben
Laagberg
Eichelkamp
Klieversberg
Westhagen
Ehmen
Detmerode
Mörse
Detmeroder Teich
Niemannsteich
N
0
250 m
4
80
59
27
60
46
75
81
29
86
13
32
96
70
14
30
53
97
2
71
18
20
65
5
22
19
39

2
68
Wendschott
55
98
Kreuzheide
109
Tiergartenbreite
67
Alter Teich
Neuer Teich
Kästorf
Teichbreite
Alt-Wolfsburg
Vorsfelde
28
Mittellandkanal
92
Allersee
Vorsfelde-Süd
Rothenfelde
Hellwinkel
WOLFSBURG
Reislingen
47
102
Neuhaus
Steimker Berg
Köhlerberg
4
Rabenberg
44
78
Hasselbach
Nordsteimke
36
58
40
Hehlingen
105
51
Barnstorf

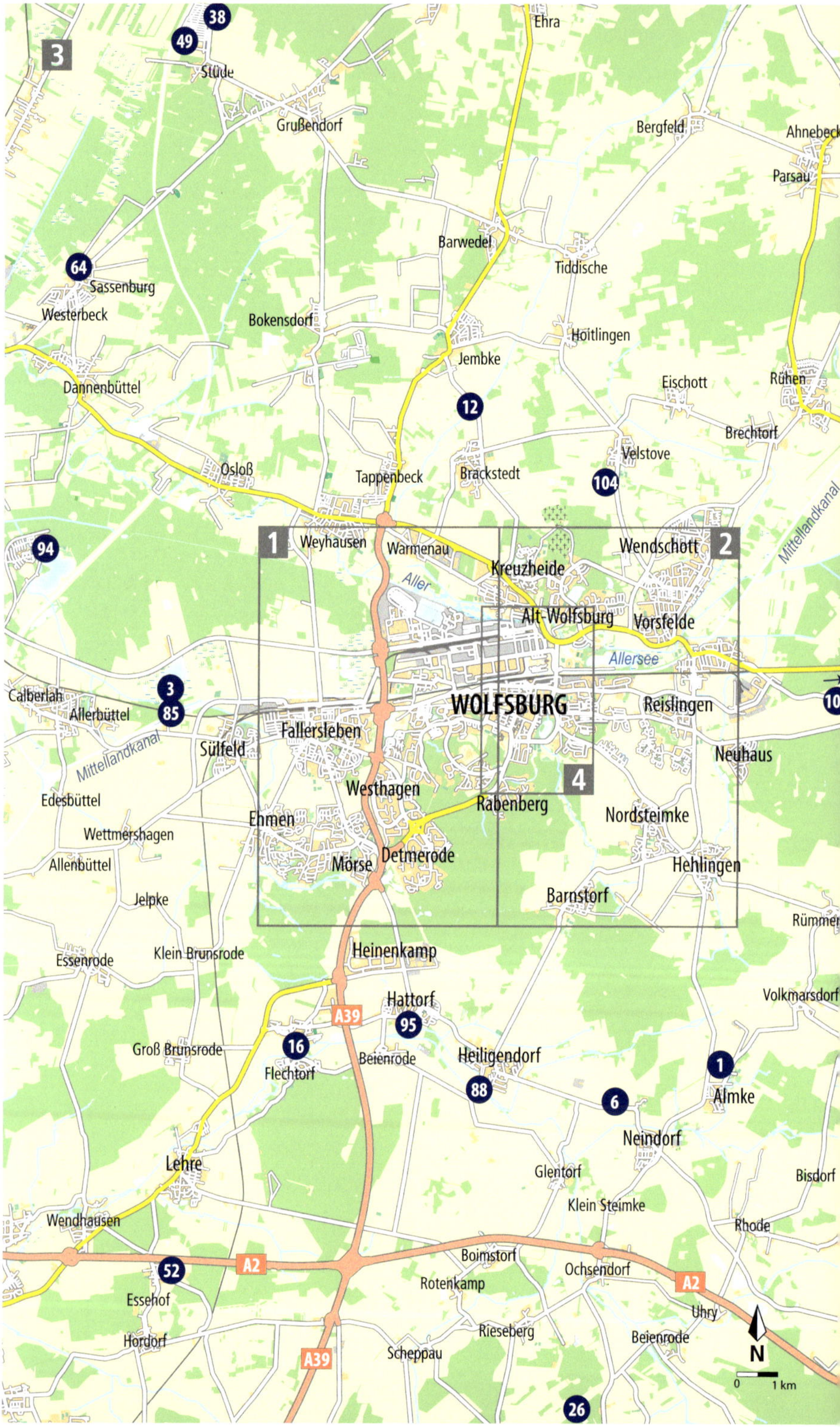
3
38
49
Stüde
Ehra
Grußendorf
Bergfeld
Ahnebeck
Parsau
Barwedel
Tiddische
64
Sassenburg
Westerbeck
Bokensdorf
Hoitlingen
Jembke
Dannenbüttel
Eischott
Rühen
12
Brechtorf
Velstove
Oslob
Tappenbeck
Brackstedt
104
Mittellandkanal
94
1
Weyhausen
Warmenau
Wendschott
2
Kreuzheide
Aller
Alt-Wolfsburg
Vorsfelde
Allersee
Calberlah
3
Allerbüttel
85
WOLFSBURG
Reislingen
10
Fallersleben
Sülfeld
Mittellandkanal
Neuhaus
Edesbüttel
Westhagen
4
Rabenberg
Nordsteimke
Ehmen
Wettmershagen
Detmerode
Mörse
Allenbüttel
Hehlingen
Jelpke
Barnstorf
Rümmer
Essenrode
Klein Brunsrode
Heinenkamp
Volkmarsdorf
Hattorf
A39
95
Groß Brunsrode
16
Beienrode
Heiligendorf
Flechtorf
1
88
Almke
6
Neindorf
Lehre
Glentorf
Bisdorf
Klein Steimke
Wendhausen
Rhode
Boimstorf
52
A2
Ochsendorf
A2
Rotenkamp
Essehof
Uhry
Rieseberg
Hordorf
Beienrode
N
Scheppau
A39
0
1 km
26

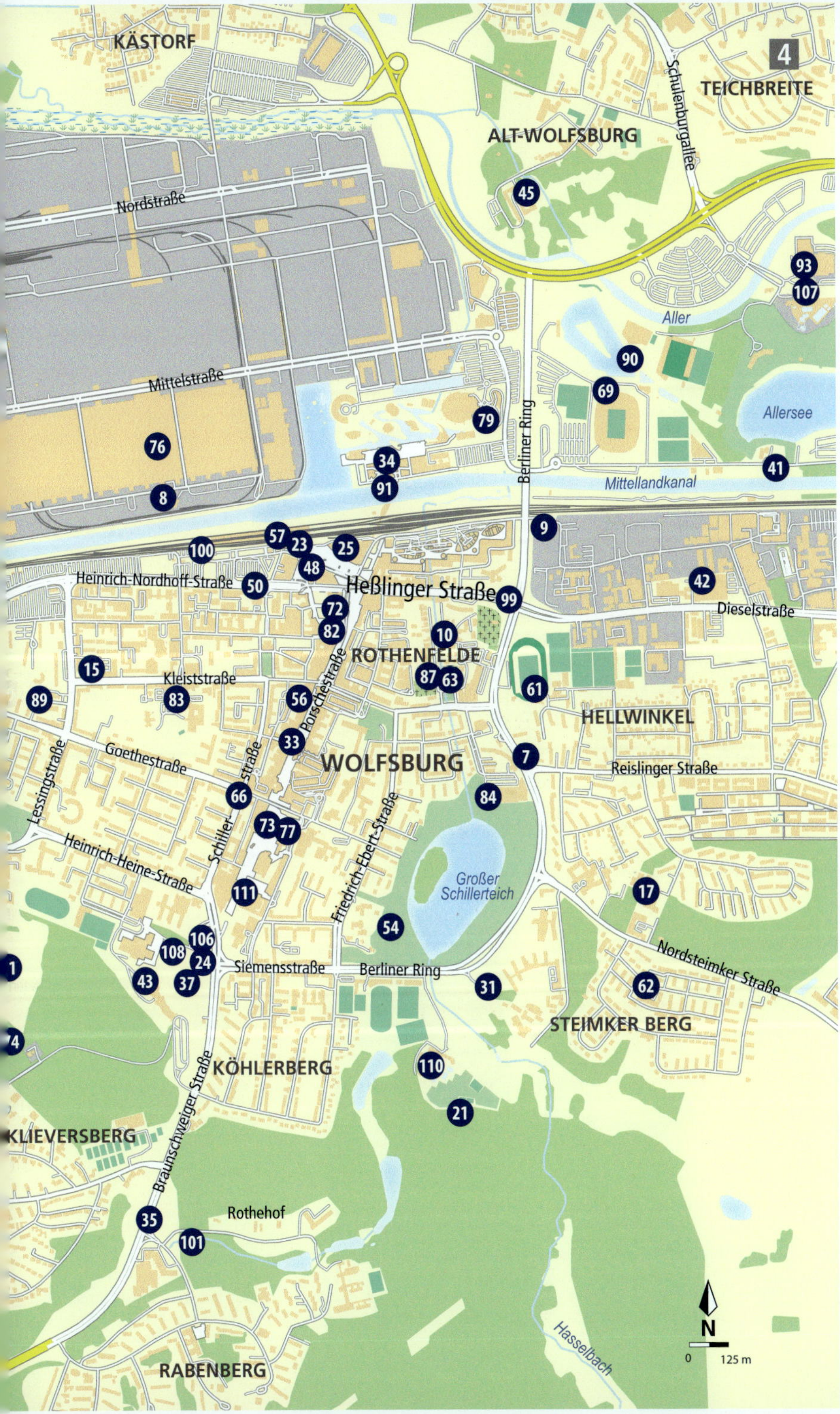
4
KÄSTORF
TEICHBREITE
ALT-WOLFSBURG
Schulenburgallee
Nordstraße
Mittelstraße
Aller
Allersee
Berliner Ring
Mittellandkanal
Heinrich-Nordhoff-Straße
Heßlinger Straße
Dieselstraße
ROTHENFELDE
Kleiststraße
Porschestraße
HELLWINKEL
Goethestraße
WOLFSBURG
Reislinger Straße
Lessingstraße
Schiller-straße
Heinrich-Heine-Straße
Friedrich-Ebert-Straße
Großer Schillerteich
Nordsteimker Straße
Siemensstraße
Berliner Ring
STEIMKER BERG
KÖHLERBERG
KLIEVERSBERG
Braunschweiger Straße
Rothehof
Hasselbach
RABENBERG
N
0
125 m

Petra Wochnik, Andreas Klesse
111 Dinge über das Wattenmeer, die man wissen muss
ISBN 978-3-7408-1081-8

Annett Rensing
111 Orte in Osnabrück, die man gesehen haben muss
ISBN 978-3-7408-1194-5

Cornelia Kuhnert, Günter Krüger
111 Orte in Hannover, die man gesehen haben muss
ISBN 978-3-7408-1190-7

Kirsten Elsner-Schichor
111 Orte im Harz, die man gesehen haben muss
ISBN 978-3-7408-1185-3

Uwe Grießmann, Sonja Klima
111 Orte in und um Hildesheim, die man gesehen haben muss
ISBN 978-3-7408-0984-3

Bernd Flessner
111 Orte auf Juist, die man gesehen haben muss
ISBN 978-3-7408-0548-7

Dorothee Fleischmann, Carolina Kalvelage
111 Orte im Weserbergland, die man gesehen haben muss
ISBN 978-3-7408-0341-4

Christine Izeki, Gerald Roemer
111 Orte im Wendland, die man gesehen haben muss
ISBN 978-3-7408-1042-9

Ingo Stock
111 Orte auf Spiekeroog, die man gesehen haben muss
ISBN 978-3-7408-0339-1

Jacek Auerbach
111 Orte in Oldenburg, die man gesehen haben muss
ISBN 978-3-7408-0249-3

Jochen Reiss
111 Orte in und um Göttingen, die man gesehen haben muss
ISBN 978-3-7408-0730-6

Norbert Ney, Sonja Bergot
111 Orte in Ostfriesland, die man gesehen haben muss
ISBN 978-3-95451-828-9

Manfred Reuter, Lena Reuter
111 Orte auf Norderney, die man gesehen haben muss
ISBN 978-3-7408-0130-4

Alexandra Schlennstedt, Jobst Schlennstedt
111 Orte in der Lüneburger Heide, die man gesehen haben muss
ISBN 978-3-95451-844-9

Axel Klingenberg, Thomas Hackenberg
111 Orte im Braunschweiger Land, die man gesehen haben muss
ISBN 978-3-95451-671-1

Bernd F. Gruschwitz
111 Orte in Bremen, die man gesehen haben muss
ISBN 978-3-95451-210-2

Rike Wolf
111 Orte in Hamburg, die man gesehen haben muss
ISBN 978-3-7408-0775-7

Rike Wolf
111 Orte in Hamburg, die uns Geschichte erzählen
ISBN 978-3-95451-418-2

Jochen Reiss
111 Orte rund um Hamburg, die man gesehen haben muss
ISBN 978-3-7408-0564-7

Stefanie Sohr, Volko Lienhardt
111 Orte auf St. Pauli, die man gesehen haben muss
ISBN 978-3-7408-0685-9

Jochen Reiss
111 Orte im Alten Land, die man gesehen haben muss
ISBN 978-3-7408-0810-5

Annett Rensing
111 Hamburger Meisterwerke, die man gesehen haben muss
ISBN 978-3-7408-0987-4

Dorothee Fleischmann, Carolina Kalvelage
111 Orte in Rostock, die man gesehen haben muss
ISBN 978-3-7408-1076-4

Jela Henning, Jens Hinrichsen
111 Orte in und um Schwerin, die man gesehen haben muss
ISBN 978-3-7408-0635-4

Maren Kaschner, Anselm Neft
111 Orte auf Rügen, die man gesehen haben muss
ISBN 978-3-95451-837-1

Jana Jürß
111 Orte an der Mecklenburgischen Seenplatte, die man gesehen haben muss
ISBN 978-3-95451-536-3

Alexandra Schlennstedt, Jobst Schlennstedt
111 Orte an der Ostseeküste Mecklenburg-Vorpommerns, die man gesehen haben muss
ISBN 978-3-7408-0742-9

Paul Stänner
111 Orte in Brandenburg, die uns Geschichte erzählen
ISBN 978-3-95451-417-5

Rike Wolf, Tom Wolf
111 Orte in Brandenburg, die man gesehen haben muss
ISBN 978-3-95451-235-5

René Förder
111 Orte in Sachsen-Anhalt die man gesehen haben muss
ISBN 978-3-89705-911-5

Lucia Jay von Seldeneck, Verena Eidel, Carolin Huder
111 Orte in Berlin, die man gesehen haben muss, Band 1
ISBN 978-3-7408-1097-9

Lucia Jay von Seldeneck, Verena Eidel, Carolin Huder
111 Orte in Berlin, die man gesehen haben muss, Band 2
ISBN 978-3-95451-207-2

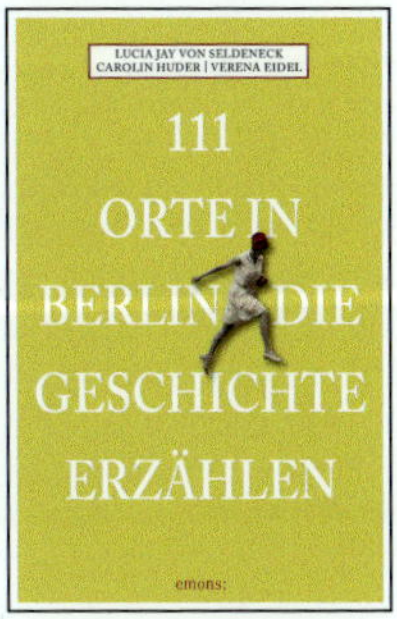

Lucia Jay von Seldeneck, Verena Eidel, Carolin Huder
111 Orte in Berlin, die Geschichte erzählen
ISBN 978-3-95451-039-9

Lust auf mehr? Laden Sie sich die »LChoice«-App runter, scannen Sie den QR-Code und bestellen Sie weitere Bücher direkt in Ihrer Buchhandlung.

LChoice

Hier bestellen

Lars M. Vollmering ist gelernter TV-Redakteur, Medienprofi und gebürtiger Wolfsburger. Er ist Autor mehrere Bücher, darunter auch über seinen Lieblingsfußballverein: Na klar, den VfL Wolfsburg.

Tom Tautz, geboren 1975 in Wolfsburg. Hat eine natürliche Affinität zur bildenden Kunst und Fotografie. Er ist jetzt CEO, Art Director und Corporate Blogger von Tom Tautz Artworks.